W0253300

EBENFALLS VON TOM PETERS

Auf der Suche nach Spitzenleistungen
(mit Robert H. Waterman, Jr.)

Leistung aus Leidenschaft
(mit Nancy Austin)

Kreatives Chaos

Jenseits der Hierarchien

Das Tom Peters Seminar

Der WOW!-Effekt

Der Innovationskreis

Arbeit neu erfinden:
TOP50 – Projektmanagement
TOP50 – Servicemanagement

Tom Peters

TOP50 Selbstmanagement

Aus dem Amerikanischen
von Nikolas Bertheau

Machen Sie aus sich die ICH AG

FÜNFZIG TIPPS, WIE SIE SICH VOM »BESCHÄFTIGTEN« IN
EIN UNABHÄNGIGES MARKENZEICHEN VERWANDELN,
DAS FÜR EINSATZ, LEISTUNG UND ÜBERZEUGUNG STEHT!

Die amerikanische Originalausgabe erschien 1999 unter dem Titel *Reinventing Work: The Brand You. Fifty Ways to Transform Yourself from an »Employee« into a Brand that Shouts Distinction, Commitment and Passion!* bei Alfred A. Knopf Publisher, New York.

This translation published by arrangement with Alfred A. Knopf, Inc.

Der Econ Verlag ist ein Unternehmen
der Econ Ullstein List Verlag GmbH & Co. KG, München

1. Auflage 2001

ISBN 3-430-17462-7

© 1999 by Tom Peters
© für die deutsche Ausgabe 2001
by Econ Ullstein List Verlag GmbH & Co. KG, München
Alle Rechte vorbehalten. Printed in Germany
Lektorat: Dr. Petra Sternecker / Birgit Krapf
Gesetzt aus der 9,5/11 Officiana Sans bei Design-Typo-Print GmbH
Ismaning
Druck und Bindearbeiten: Pustet, Regensburg

WIDMUNG

MJ, Oprah und Martha*, Erfinder der modernen ICH AG

---

* **Für die wenigen, die hinterm Mond leben: Michael Jordan, Oprah Winfrey und Martha Stewart. (Eine wahre ICH AG braucht keinen vollen Namen!)**

Die Grundeinheit der New Economy ist nicht das Unternehmen, sondern das Individuum. Tätigkeiten werden nicht innerhalb einer feststehenden Managementstruktur zugewiesen und gesteuert, sondern von unabhängigen Auftragnehmern eigenständig ausgeführt. Diese elektronisch verbundenen Freelancer – E-Lancer – bilden fließende und zeitlich beschränkte Netzwerke, um bestimmte Produkte und Dienstleistungen zu produzieren und zu verkaufen. Sobald die Aufgabe erledigt ist, löst sich das Netzwerk auf, und seine Mitglieder werden wieder zu unabhängigen Individuen, die sich auf der Suche nach neuen Aufgaben frei in der Wirtschaft bewegen.

Thomas Malone und Robert Laubacher,
aus »The Dawn of the E-lance Economy«,
Harvard Business Review

TOP50: CREDO

IHR SCHREIBTISCHSKLAVEN ... STREIFT DIE STÖCKELSCHUHE AB ... LOCKERT DIE KRAWATTEN ...

ARBEIT KANN COOL SEIN!

ARBEIT KANN SCHÖN SEIN!

ARBEIT KANN SPASS MACHEN!

ARBEIT KANN ETWAS BEWIRKEN!

SIE KÖNNEN ETWAS BEWIRKEN!

NIEDER MIT DEN BÜROWÄNDEN!

RUNTER MIT DEN DILBERT-CARTOONS!

DIE BÜROREVOLUTION IST AUSGEBROCHEN!

90 PROZENT UNSERER JOBS
SIND IN GEFAHR!

NEHMEN SIE IHR LEBEN SELBST
IN DIE HAND!

STELLEN SIE HIERARCHIEN AUF DEN KOPF!

MACHEN SIE JEDES PROJEKT
ZU EINEM WOW!

SEIEN SIE BESONDERS ...
ODER SIE WERDEN AUSGESONDERT!

EIN NEUES JAHRTAUSEND BEGINNT:
WENN NICHT JETZT ... W-A-N-N D-A-N-N?

TOP50
VORWORT

Wir wollen Dilbert nicht kritisieren. Wer würde das wagen? Aber wir glauben, dass Arbeit cool sein kann. DASS ARBEIT SINN MACHT.

Tom Peters

Arbeit – Ihre und meine – wie wir sie heute kennen, wird in den nächsten zehn Jahren neu erfunden werden. So einfach ist das. Und so folgenreich. Hier erfahren Sie, warum ...

Der alte Gewerkschaftsaktivist erinnert sich: 1970 (nicht gerade vor einer Ewigkeit) brauchten 108 Kerle fünf Tage, um eine Schiffsladung Holz zu entladen. Und heute? Die Stunde der Container hat geschlagen: acht Leute ... ein Tag.

So war es auf dem Bauernhof, als der Mähdrescher Einzug hielt. Und so war es in den Lagerhäusern, als der Gabelstapler kam. Und dasselbe geschah in den Docks.

Aber hoppla, ein neues Jahrtausend bricht an. Mindestens 90 Prozent von uns – sogar im so genannten »produzierenden« Gewerbe – arbeiten an Schreibtischen. Tatsache ist: Von Produktivität im Büro kann keine Rede sein. Hat uns auch nicht wirklich interessiert. Noch nie. Bis jetzt ...

Es ist ein neues Spiel: DIE BÜROREVOLUTION IST AUSGEBROCHEN! Der »Laden« Buchhaltung wird unter dieselbe Lupe genommen wie zum Beispiel die Docks. Wir werden uns noch umsehen.

Die Revolution: Informationssysteme. Informationstechnologie. Ressourcenplanungssysteme. Intranets.

Wissensmanagement. Kundenmanagement. Das Internet. Globalisierung. Weltweite Deregulierung etc. etc. All das führt zu einer revolutionären Umwälzung in einer Größenordnung, wie sie – keine Übertreibung – vielleicht alle 100, 200, 500 (?) Jahre stattfindet.

Womit wir bei dieser neuen Buchreihe sind, die nichts weiter zum Ziel hat, als Arbeit völlig neu zu erfinden (was wir denken, was wir tun, wie wir uns einbringen). Die revolutionäre Neuerfindung der Arbeit bietet die einmalige Gelegenheit zur Befreiung – in unseren Organisationen und in unserem Leben.

Dieses Buch gehört zur ersten Serie einer Veröffentlichungsreihe, der wir den Titel *TOP50* gegeben haben. Jedes Buch beschreibt einen anderen Aspekt der Arbeit in der New Economy. Jedes Buch kreist um 50 elementare Ideen.

Die Herausgeber

INHALT

9a. ICH-AG-Helden tragen mindestens »acht Hüte« … von Marketing über Buchführung bis Produktentwicklung.

10. Lernen Sie das große Spiel zu spielen. Sie müssen das Wirtschafts-Einmaleins beherrschen.

11. Beschreiben Sie in farbigen, überzeugenden Worten, wer Sie sind.

12. SIE BRAUCHEN EINEN JOBTITEL. (Ja, es ist wichtig.)

13. SIE SIND, WAS SIE TUN!

14. ICH AG scheut bei der Umsetzung nicht die Welt der »Realpolitik«.

15. Machen Sie aus lausigen, kleinen Jobs hoffnungslos coole Projekte. (DAS IST – IMMER – MÖGLICH.)

15a. Nutzen Sie, was Sie haben! Machen Sie daraus ein Meisterwerk!

16. Helfen Sie sich selbst. VERSCHAFFEN SIE SICH, WAS SIE BRAUCHEN!

17. ICH AG = Qualität Ihrer Projekte. KONZENTRIEREN SIE SICH AUF IHR PROJEKTPORTFOLIO!

17a. Bringen Sie WOW! in jedes Ihrer Projekte. Gewinnen Sie mit WOW!

18. Setzen Sie Schwerpunkte!

19. Sie sind Ihre Kunden I: ICH AG DEFINIERT SICH DURCH IHRE KUNDEN. Wer sie sind. Wer sie nicht sind.

20. Sie sind Ihre Kunden II: HÖREN SIE IHNEN ZU! BAUEN SIE EINE BEZIEHUNG ZU IHNEN AUF!

21. ICH AG = Kompetenz. Ihre Fähigkeiten müssen für Kunden interessant sein.

22. Sie sind Ihr Adressbuch I: ICH AG IST EIN MANNSCHAFTSSPORT.

22a. Loyalität: Wichtiger denn je! Die neue ICH-AG-Loyalität = Netzwerk.

23. Sie sind Ihr Adressbuch II: Vielfalt zählt! Sammeln Sie Freaks!

24. DESIGN IST – SEHR – WICHTIG! Die ICH AG entwickelt ihre »Handschrift« über Telefonstimme, Schreibstil, Briefkopf …

25. Achten Sie auf Ihre »Produktpalette«. Ergänzen Sie sie regelmäßig, … SONST …

26. T-H-I-N-K B-I-G: »Hat es Ihnen den Atem verschlagen …?« – Der WOW!-Test von Werbespezialist David Ogilvy.

27. ICH AG erfordert Mut – IMMER WIEDER AUFS NEUE.

28. SEIEN SIE VIRTUOS! ICH AG ist eine Kunst.

29. Bosse: DIE ICH AG SOLLTE NACH EUREM GESCHMACK SEIN! (Sie macht aus »Beschäftigten« Leistungsfanatiker.)

30. Größtes Plus der ICH AG: Identität. Lernen Sie wie Gillette oder Saturn zu denken.

31. ICH AG ist »Vertrauenssache«. Die Basis hierfür: Glaubwürdigkeit.

32. Visitenkarten erzählen eine lange Geschichte. (Klingt vielleicht unbedeutend. IST ES ABER NICHT!)

33. ICH AG BRAUCHT EINEN INTERNET-AUFTRITT. Fangen Sie sofort damit an!

34. Sie sind Ihre eigene PR-Agentur. Für Neulinge: Treten Sie Toastmasters bei.

35. Arbeiten Sie an Ihrem Optimismus. (Schwarzseher finden selten Mitstreiter.)

36. Job Nr. 1 für eine ICH AG: Erneuerung.

37. Unverzichtbar: EIN FORMELLER ERNEUERUNGS-INVESTITIONS-PLAN.

38. Lernen Sie von ... jedem ... überall ... jederzeit. SEIEN SIE WIE EIN SCHWAMM für coole Ideen.

38a. Zwischenschritte zum Erfolg der ICH AG: Lernen Sie das Plateau zu schätzen. (Sie treten gelegentlich auf der Stelle.)

39. Sichern Sie sich Unterstützung: EINE ICH AG BRAUCHT EINEN AUFSICHTSRAT. (Kein Scherz.)

40. Die ICH AG lernt an vorderster Front. Die Botschaft: Halten Sie engen Kontakt mit den »richtigen« Leuten.

41. »Jagen« Sie coole Typen. Eine ICH AG ist ständig auf Talentsuche.

42. Schaffen Sie Ihr eigenes, cooles Unternehmen: ICH & Co. – Selbst, wenn Sie jung und ohne Verantwortung sind und auf einer Gehaltsliste stehen.

43. ICH AG = Führungskompetenz ... jederzeit. (»Führung« hat nichts mit formaler Position zu tun. Punkt.)

44. MACHT GEHÖRT DAZU: Große Dinge lassen sich nur mit großem politischem Geschick erreichen.

45. ICH AG BRAUCHT EINE FORMELLE MARKETINGSTRATEGIE.

45a. ICH AG denkt produktorientiert. – HABEN SIE WIRKLICH EIN »PRODUKT«?

46. Denken Sie GLOBAL. ICH AG: DAS EIN-FRAU-(MANN-)POWERHOUSE. (Im Ernst.)

47. Verkaufen Sie. V-E-R-K-A-U-F-E-N S-I-E. VERKAUFEN SIE!!!

48. ICH AG MUSS AKQUIRIEREN. (»Bitten Sie um das Geschäft«.)

49. Die effektive ICH AG ist illoyal! (Einer bestimmten »Firma« gegenüber.)

50. WILLKOMMEN IM LAND DER FREE AGENTS!

Die Bewegung!

Empfohlene Lektüre

Danksagungen

EINLEITUNG

In der Vergangenheit konnte man unauffällig und gleichzeitig sicher leben – das ist heute schwieriger geworden. Michael Goldhaber, *Wired*

Verkauf dich nicht unter Wert, mein Guter. Du hast nur dich. Janis Joplin

Vor rund zwei Jahren wurde mir bewusst, dass ich nicht länger eine Person war, sondern eine Marke.
Martha Stewart

1954. Collegeabschluss (die Glücklicheren). Dann Arbeit bei GE. Oder GM. Oder AT&T. (Fast wäre ich 1964 im Rapid-Trainingsprogramm der Fernkommunikationsabteilung von AT&T gelandet; aber dann begann Lyndon Johnson einen kleinen Krieg, und ich wurde Freiwilliger.) Nur nicht auffallen. Sich heraushalten. Fragen wie »Was machst du?« mit einem stolzen »J.C. Penney« oder »AT&T« beantworten. (Der Name Ihrer Firma = Ihre Identität … als M-e-n-s-c-h.) Die Jahre gehen vorüber. Kinder zum College. Verheiratet. Dann Enkel. 55 Jahre. Gelaufen. 65 Jahre. Angekommen. Rührende Verabschiedung. 42 Jahre treuer »Dienst«. Guter Firmenmensch. In Rente geschickt. Ab ins Time-Share-Altenteil in St. Pete.

So waren die Spielregeln in der Zeit seit dem Zweiten Weltkrieg. Bis ungefähr 1975. Dann kam die ausländische Konkurrenz. (Zuerst bei Stahl und Autos.) (Das Ende amerikanischer Hegemonie.) Und der Computer diente schließlich zu mehr als nur zur Automatisierung der Kundenbuchführung.

Und dann … brach die Hölle los. Was meinen Sie? Um 1985 herum? Aus »ausländischer Konkurrenz« wurde gnadenlose Globalisierung. Die »Computerisierung« erreichte den Schreibtisch ... und vernetzte Systeme kamen auf. Und ... EDI. (Electronic Data Interchange: »Wir bearbeiten Ihre Rechnung nur, wenn sie uns elektronisch zugeht. « – Wal*Mart.) Und schließlich ...

das Internet.

Entlassen wurden nicht mehr die gewerkschaftlich organisierten Arbeiter, sondern der jährlich 100 000 US-Dollar verdienende, 27-jährige IBM-Veteran von nebenan. (Gerade als Maggie, die Älteste seiner drei Kinder, nach Middlebury ging, wo die Studiengebühren astronomisch sind.)

Das heißt, »diese Sache« wurde persönlich! »Kettensäge« Al Dunlap. Und jener nette Robert Allen von AT&T, der mehr Menschen auf die Straße setzte als Dunlap. Und »Dr.« Michael Hammers »Re-engineering«. (Euphemistisch als »Right-Sizing« bezeichnet. Kein Wunder, dass uns Dilberts unverhohlener Zynismus so amüsiert!)

Dunlap ist gemein! »Right-Sizing« ist ein schrecklicher Begriff. Und doch lässt sich die Uhr nicht zurückdrehen. Tatsache ist, die Bürorevolution ist ... endlich ... da. Und der Geist geht nicht mehr in die Flasche zurück. Vielmehr macht sich der Geist – ERP (Enterprise-Resource-Planning), das Internet etc. – gerade erst fertig für die Hauptvorstellung.

Ja, ... die Bürorevolution ist endlich im Gang. Und ja, ich glaube, dass mindestens 90 Prozent der Büroarbeitsplätze verschwinden oder sich bis zur Unkenntlichkeit verändern werden. Innerhalb von zehn bis 15 Jahren.

Aber ... wissen Sie was?

Ich finde das cooler als cool. Schicker als schick. Ich finde das (potenziell) ungemein befreiend.

ICH MÖCHTE NICHT 41 JAHRE LANG VON MONTAGS BIS FREITAGS DURCH DIESELBE TÜR ZUR ARBEIT GEHEN, WIE MEIN VATER. ICH FINDE, SO EIN ARBEITSLEBEN STINKT ZUM HIMMEL. (SORRY, DAD.)

Ich bin gerade so gut wie mein letzter-nächster Job. (Punkt.) (Genauso, wie ein Malermeister. Und Harrison Ford.) Ich wachse ... oder gehe unter. (Beruflich.) Und das gefällt mir. Und ich finde das uramerikanisch. Babbitt versteht das vielleicht nicht. Und Dilbert nennt mich womöglich neunmalklug oder Mr.-Rosarote-Brille. Aber Ben Franklin – unser erster »Selbsthilfe-Guru« – würde es begreifen. Und, Gott weiß, auch Mr. Jefferson aus Monticello.

Überraschende Tatsache: Die neue, kopfgesteuerte Ökonomie ist in Wirklichkeit die alte. Sie verlangt von uns – nach Davy-Crockett-Art –, unseren Grips zu gebrauchen, zu improvisieren. (»Wir befinden uns in einem Kampf ohne jede Regel« – so beschreibt Xerox CEO Paul Allaire unsere New Economy.)

Sie sind an der Reihe. Befreiend? Beängstigend? Jeder, der bei gesundem Verstand ist, antwortet: »beides«. Es ist unheimlich. Wie alle Dinge, die sich lohnen, oder? Und, wie ich finde,

unglaublich cool.

Die Antwort lautet: Verändern Sie Ihre Einstellung! Und fangen Sie an, wie ein unabhängiger Auftragnehmer zu denken und zu handeln. Auch wenn Sie vorhaben, auf absehbare Zeit auf einer Gehaltsliste zu bleiben. Ein unabhängiger Auftragnehmer ist eigenverantwortlich. Angewiesen auf seine Fähigkeiten ... und deren ständige Verbesserung. Ein unabhängiger Auftragnehmer hat ... am Ende ... »nur« seine Tätigkeitsbilanz, das heißt: seine Projekte.

Ich nenne jemanden, der im Geist ein unabhängiger Auftragnehmer ist, eine eigenständig denkende »Einheit« oder »Marke«. Genauer: ICH AG. Eine Marke ist ein Begriff. Sie verspricht etwas. Etwas, worauf man sich verlassen kann. (»Die Pause, die erfrischt.«) Etwas Kolossales. (»Just-do-it.«)

Lassen Sie uns einen Blick darauf werfen. Meine Kollegen und ich sehen den Unterschied zwischen Dilbertland und neuer Weltordnung folgendermaßen:

Welt der »ICH AG«	Welt der »Beschäftigten«
Ich arbeite an einem einmaligen (WOW!-) Projekt. (Falls es nicht WOW! ist, ... mache ich es dazu. ... Alles oder nichts!)	**Ich mache, was man mir aufträgt.**
Ich konzentriere mich auf meine Fähigkeiten. Ich beabsichtige, auf e-i-n-e-m G-e-b-i-e-t unglaublich gut zu sein.	**Bin emsig mit dem Abarbeiten des Eingangsfachs beschäftigt.**
Ich habe dieses Projekt gewählt, weil ich davon lernen kann/ weil es mich f-o-r-d-e-r-t/ weil ich dabei mit coolen Leuten zusammenkomme.	**Es ist das, was der Boss mir aufgetragen hat. (Ich könnte eine Pause gebrauchen.)**
Ich lasse kein Essen ungenutzt. ... Vernetztes Arbeiten ist mein Leitprinzip.	**Essen ist für mich das Wichtigste.**
Ich bin ein ROLODEX-Fanatiker.	**Ich hasse Speichellecker.**
Ich bin bereit, auch »unliebsame« Arbeiten zu übernehmen, solange ich daraus etwas »Cooles« machen kann.	**Verschone mich mit Nervkram, Freundchen.**
Ich habe begriffen: Projekte = ICH. Punkt. (Dies ist kein Scherz: Ich bin mein »Projektportfolio«.)	**Ich komme zur Arbeit. Ich reiß mir kein Bein aus.**

Welt der »ICH AG«	Welt der »Beschäftigten«
Ich liebe Wörter wie: WOW! ... Schönheit ... Eleganz ... Revolution ... Wirkung.	Ihr könnt mich mal.
Ich l-e-b-e für meine Kunden!	Ich mache meinen Job.
Ich suche den Kontakt zu Freaks. (Coole Leute, von denen ich coole Sachen lernen kann.)	Meine Freunde sind meine Freunde. Hör doch auf.
Ich finde, »Arbeit macht Spaß«, ist eine coole Einstellung!	Ein Arbeitstag ist ein Arbeitstag. Mach doch daraus nicht Was-weiß-ich-was.
Ich kann es morgens gar nicht abwarten, aus dem Bett zu kommen.	Wieder um einen Tag älter und tiefer in Schulden.
Ich mache mich bei manchen unbeliebt. (Wegen meiner strengen Grundsätze.)	Tritt niemandem auf die Füße!
Ich ärgere mich (regelmäßig) über unsere Langsamkeit bei Veränderungen.	C'est la vie!
Ich wäre zu gern mit Washington in Valley Forge gewesen!	Ich bin bedient.
Ich liebe helle Farben!	Gray is beautiful. (Ich bevorzuge Unsichtbarkeit.)
Ich bin ein extremer Tatmensch.	MEINE SPEZIALITÄT SIND MEMOS.
Ich genieße das Leben.	Auf vieles könnte ich verzichten.
Ich habe begriffen, dass »Macht« nur der hat, der sie sich nimmt. (Draufgängerisch = Gut.)	Mir sind alle »Politiker« suspekt.
Besser nach vollendeter Tat um Verzeihung bitten, als vorher um Erlaubnis. (Gilt immer!)	Ich mach mich doch nicht unbeliebt!

DAS GRÖSSERE BILD: DAS »MODELL«

Unser Orientierungsmodell ist einfach. Es bildet die Grundlage für dieses und andere Bücher der Reihe *TOP50*.

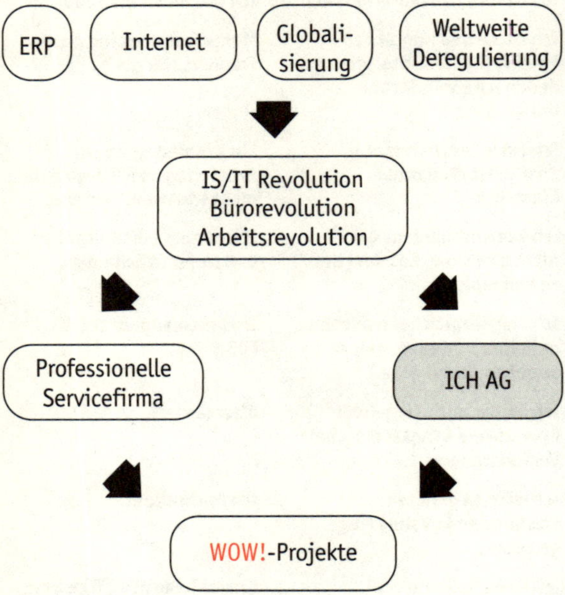

Die »Vorgaben« – ERP, EDI, Intranets, Internet etc. – lösen diese Einmal-in-vielen-Jahrhunderten-Revolution aus, von der wir im Vorwort zur *Reihe TOP50* gesprochen haben.

Einschlagsgebiet dieses Jahrtausendmeteors: die Büros.

Wer überleben will – ob auf einer Firmengehaltsliste

oder nicht –, muss (fast) alles Gelernte über Bord werfen und die Eigenschaften/Qualitäten einer PSF/Professionellen Servicefirma entwickeln. (Siehe das Buch *TOP50 – Servicemanagement* aus dieser Reihe.) Er wird sich wie ein unabhängiges Markenzeichen verhalten – das Thema dieses Buches. Das heißt, die Überlebenden werden ein Produkt »sein« … und sich … klar … durch etwas Besonderes auszeichnen.

Der »Grundstoff« – das Fundament – für PSF, ICH AG und die Bürorevolution ist die Arbeit selbst. Oder das, was wir ein WOW!-Projekt nennen (siehe *TOP50 – Projektmanagement*).

KURZE GEBRAUCHSANLEITUNG

Zur ICH AG zu werden ist keine leichte Sache. Und sehr persönlich. Und riskant. Wir hoffen, Ihnen auf diesen Seiten sowohl einen »Standpunkt« vermitteln wie auch mit einer Reihe praktischer Vorschläge die nötige Starthilfe geben zu können.

Was auf den folgenden Seiten steht, mag Sie auf den ersten Blick erschlagen. Die über 50 Hauptpunkte enthalten T.D.L.s (To-do-Listen) mit insgesamt rund 200 Vorschlägen. Jeder einzelne davon kann eine Menge Zeit in Anspruch nehmen. Deshalb hatten wir auch von vornherein nicht im Sinn, dass Sie alle Punkte in Angriff nehmen sollen. Stattdessen raten wir, das Buch normal durchzulesen und anzustreichen, was Ihnen auffällt. SETZEN SIE ERST IM NACHHINEIN SCHWERPUNKTE. Sie können zum Beispiel noch einmal zurückblättern und aus den 50 Hauptthemen zehn herausgreifen, die Sie besonders interessieren. (Darunter sollte ebenso etwas »Cooles« wie »Wichtiges« sein.) Als Nächstes wählen Sie aus den entsprechenden T.D.L.s ein oder zwei Vorschläge aus … und machen sich an die Arbeit.

Vorsicht: Wenn Sie sich den konkreten Schritten zuwenden, was Sie hoffentlich tun werden, sollten Sie nicht das Gesamtbild aus den Augen verlieren. In diesem Fall: DIE BEDEUTUNG DER ICH AG FÜR IHR LEBEN.

ICH AG ist sehr persönlich. ICH AG = Wer Sie sind. Deshalb wird es Sie vielleicht überraschen, wie häufig wir raten: »Setzen Sie sich mit Kollegen zusammen und diskutieren Sie ...« Okay, ICH AG ist persönlich – aber zugleich ein Mannschaftssport. Die Mannschaft ist dabei wahrscheinlich nicht mit Ihrer offiziellen Arbeitsgruppe identisch. Vielmehr eine Gemeinschaft verwandter Seelen – ICH-AG-Aspiranten, wie ich sie häufiger nennen werde. Dieser »Stoff« muss gründlich verdaut werden. Und wir haben aus unseren Trainingsprogrammen gelernt, dass ein solcher Verarbeitungsprozess viel besser funktioniert, wenn sich eine kleine Gruppe von ICH-AG-Suchenden formell oder informell zusammenfindet. Kein Wunder, denn für die meisten von uns ist das alles ziemlich beängstigend, ... auch wenn es am Ende Befreiung bedeutet. Und mit beängstigenden Dingen kommen wir mit einer Gruppe im Rücken besser klar!

Natürlich werden Sie das Buch auf Ihre Weise nutzen, aber ich hoffe, dass Ihnen diese Vorschläge den Einstieg erleichtern.

Die ICH AG Top 50

>>>>>>>>>>>>>

1.

ES LIEGT AN IHNEN. VERGESSEN SIE »DIE DA OBEN«, »DIE ANDEREN«. ES IST IHR LEBEN. PUNKT.

Die Grundidee der ICH AG: **»Die«** sind nicht länger zuständig für unsere Karriere – folglich auch nicht für unser Leben, sondern **wir**. Es liegt an **uns**, uns **selbst** zu gestalten.

Junger Mann, verleih deinem Namen einen Wert.

Andrew Carnegie

Der Zimmermann bearbeitet das Holz. Der Schütze krümmt den Bogen. Der Weise formt sich selbst.

Buddha

Drück dich nicht nur aus, erfinde dich. Und beschränke dich nicht auf Standardmodelle.

Henry Louis Gates, Jr., Antrittsrede am Hamilton College, Juni 1999

Niemand gibt dir Macht. Du nimmst sie dir einfach.

Roseanne

Der Kern

Es ist vorbei! Es ist vorbei! **Gott sei Dank, ... es ist vorbei.** (Jedenfalls sehe ich das so.) Was ist vorbei? Die Welt, in der »wir« – die Besten und die Gescheitesten, die College Kids – von »ihnen« abhingen, den Großunternehmen, damit sie »unsere« Karrieren »lenkten« (manipulierten! diktierten! kontrollierten!).

Herrje, mein Vater war nichts anderes als ein gedungener Sklave bei BG&E, Baltimore Gas & Electric Co., 41 Jahre lang. Wie ich schon in der Einleitung sagte: Dieselbe Tür. West Lexington Street. Tag für Tag. Monat für Monat. Jahr um Jahr. Jahrzehnt um Jahrzehnt.

Das war keine Art zu leben, ... wenn es denn ein Leben war.

Aber: »Es« ist zu Ende. Schluss. Selbst wenn »wir« es nicht wollen (und es gibt buchstäblich Millionen, die es nicht wollen). Es ist V-O-R-B-E-I! Neue Welt-(Wirtschafts-) Ordnung: »Wir« – die Krawattenträger – sind auf uns selbst gestellt. Unser Leben ist unsicherer geworden. Aber wir haben es wieder. Das ist die Chance. Was werden wir aus ihr machen?

Babbitt ist tot. Die Babbitterei ist tot. Der Firmenmensch liegt in den letzten Zügen.

Und jetzt?

Augie March!

Nobelpreisträger Saul Bellow lässt seine Figur so beginnen: »Ich bin Amerikaner, in Chicago geboren ... und mache alles so, wie ich es mir selbst beigebracht habe, Freistil, und ich werde mein Leben auf meine Art meistern.«

Das ist Emerson II. Ein neues/zweites Zeitalter von *Selbstverantwortlichkeit* à la Ralph Waldo Emerson.

Ben Franklin (*Poor Richard's Almanack*); Napoleon Hill (*Denke nach und werde reich*); Dale Carnegie (*Wie man Freunde gewinnt*); Norman Vincent Peale (*The Power of Positive Thinking;* dt.: *Die Kraft des positiven Denkens*); und: Stephen Covey, Werner Erhard, Tony Robbins. Einige nüchtern wie Pastoren. Andere geifernde Prediger. Aber die Botschaft ... uramerikanisch.

Amerika war immer die Nation der **Eigenhilfe**. Des Sich-am-Riemen-Reißens. Die Nation der Pioniere. In den Anfangsjahren unserer Demokratie kümmerte sich jeder um sich selbst und die Familie (und die Nachbarn, in Zeiten der Not). Niemand erwartete, dass für ihn gesorgt würde. Eigenverantwortlichkeit, Unabhängigkeit und die daraus resultierende Freiheit waren es, wofür wir standen, worüber wir uns definierten. Und dann, vor vielleicht 150 Jahren, als das Firmenungetüm Einzug hielt (das Regierungsungetüm kam rund 75 Jahre später), begann »Es« uns zu entgleiten. Unser franklinsches »Es«. Unser emersonsches »Es«. Wir erlagen – genau das richtige Wort – der Babbitterei, der Einstellung: Firma = Vater-und-Mutter-auf-Lebenszeit.

Meine Sicht (Sie wissen es schon): Es stank (**und stinkt**) zum Himmel.

Aber ... Gloria, Gloria, Gloria. ... Es ist Vorbei!

Für eine Menge Leute bedeutet das ein unsanftes Erwachen, so als wenn man, um schwimmen zu lernen, mir nichts dir nichts ins tiefe Becken geworfen wird. Dieses Buch soll sicherstellen, dass Sie wissen, was Ihnen bevorsteht, und es will Ihnen das nötige Rüstzeug mitgeben, um nicht nur zu überleben, sondern zu gedeihen/prosperieren/blühen ... wie nie zuvor.

Macht die Aussicht Angst?

Hölle ja!

Liegt darin eine Chance ohnegleichen, ein volleres und aufregenderes Leben zu führen? Eines, das Sie zwingt, ein wenig (sehr viel) tiefer zu graben, Sie aber mit Wachstum, Stolz und Unabhängigkeit belohnt (und ... oh ja, ... vielleicht mit sehr viel mehr Geld)?

Hölle ja!

Können *Sie* es machen?

Ja, Sie können es. (Davon bin ich überzeugt, andernfalls hätte ich dieses Buch nicht geschrieben.)

T.D.L. (To-do-Liste)/Es ist Ihr Leben!

1. Die Anonymen Alkoholiker sind stark. Sie haben Tausenden und Abertausenden das Leben … und die Seele gerettet. Bilden Sie Ihre eigene Mini-AA. Oder AGS (Anonyme Gedungene Sklaven). Oder … ABS (Anonyme Bürosklaven).

Botschaft: Selbsthilfegruppen helfen. Sehr! Sie bieten Gelegenheit, Leute zu treffen, die mit Ihnen in einem Boot sitzen. Das schafft unmittelbaren Zusammenhalt … und die ideale Umgebung, um einmal die Maske fallen zu lassen … und mit absoluter Offenheit zu reden: über Ihre Ängste (die wir alle haben) … und Hoffnungen (die wir alle brauchen) … und Pläne (die wir tunlichst alle verwirklichen).

Treffen Sie sich mit Kollegen und Freunden und sprechen Sie mit ihnen über diese neue (Arbeits-)Weltordnung. Angst? Sprechen Sie darüber. Lesen Sie Franklin. Und Emerson. Und Covey. Tauschen Sie sich darüber aus. Denken und sprechen Sie über S-I-C-H (Egozentrik ist nicht nur eine Tugend, sondern eine Notwendigkeit, … und Sie helfen damit anderen, ihre Probleme/ihre Chancen zu erfassen. Beginnen Sie von sich als von einem unabhängigen Wesen zu denken. Das etwas erreichen will. (Im besten Sinn.)

2. Denken Sie an die Welt von Augie March: »Ich hab's mir selbst beigebracht, Freistil, und ich werde das Leben auf meine Weise meistern.« Was bedeutet das für Sie? Konkret?

Wie machen Sie, der Sie wahrscheinlich noch auf der Gehaltsliste eines großen Unternehmens stehen – Ihren e-r-s-t-e-n Schritt in Richtung innere Unabhängigkeit? Schreiben Sie Ihre eigene Deklaration der persönlichen Unabhängigkeit im Stil Augie Marchs.

3. Verbannen Sie alle negativen Gedanken. (Welch ein Unsinn!) Aber im Ernst, malen Sie sich in leuchtenden Farben aus, wie cool all das Neue sein könnte ... für Sie, das heißt: befreiend. Erstellen Sie eine Liste mit den sicheren und den möglichen Vorteilen ... eines neuen unabhängigen Ichs.

4. Nachtrag für Bosse: Das Beste, was ihr für die 18 Profis tun könnt, die euch »unterstellt« sind, ist, einen Dialog über »vorhandene Unabhängigkeit« zu initiieren. He, als Boss wünsche ich mir doch ... um jeden Preis, dass Leute für mich/mit mir arbeiten, die die Mentalität eines Free Agent besitzen. Ich kann – ebenso wie damals die Entdecker der Antarktis – nur Freiwillige gebrauchen. In diesem Fall ... Freiwillige für die Mission 21. Jahrhundert.

1a.

»WANN HABEN SIE SICH DAS LETZTE MAL GEFRAGT: ›WAS WILL ICH SEIN?‹«

Der Kern

Kürzlich las ich einen einfachen, schlichten Satz.

Ich stutzte:

»Wann hast du dich das letzte Mal gefragt: ›Was will ich sein?‹«

Die Autorin: Sara Ann Friedman. Das Buch: *Work Matters: Women Talk About Their Jobs and Their Lives*.

Sicher haben Sie den alten Witz gehört:

Warum fragen Eltern ihre Kinder immer: »Was willst du werden, wenn du groß bist?«

Die Eltern baggern nach Ideen!

WAS WOLLEN SIE SEIN?

Das Leben meint es denkbar gut mit mir, würden die meisten sagen. Gewiss, ich habe mehr »Erfolg« im Sinn der üblichen Definition (was immer damit gemeint ist), als ich mir je hätte träumen lassen.

Und doch hat es mich umgehauen: WAS WILL ICH SEIN?

»ICH AG« ist eine pragmatische, kommerzielle Idee. Es geht darum zu überleben, während das Chaos über die Bürowelt hereinbricht. Aber es geht auch um Chancen. Und Befreiung. Und Definition. (Selbstdefinition.)

Was will **ich** sein?

Wofür will **ich** stehen?

Macht **meine** Arbeit Sinn?

Bewirke **ich** etwas?

Niemand von uns, wage ich zu behaupten, stellt sich diese Fragen wirklich. Weder Bill Clinton. Noch Al Gore. Noch George W. Bush. Noch Dan Quale. (Immerhin möglicherweise Oprah, Martha Stewart und der Dalai Lama.)

WAS WILL ICH SEIN?

Meine/unsere Botschaft:

NUR ZU, STELLEN SIE SICH SELBST »DIESE FRAGE«! REGELMÄSSIG! (OKAY?)

ZITATE

Das Geheimnis des Lebens besteht darin, eine Aufgabe zu haben ... etwas, dem du dich ganz widmest. ... Und das Wichtigste dabei ist, es muss etwas sein, was unmöglich zu schaffen ist.

Henry Moore, Bildhauer

Arbeit ist meine Obsession, aber auch meine Hingabe. ... Paradies ist, in Arbeit aufzugehen.

Donald Hall, Dichter und Essayist, aus *Life Work*

[Die Idee zu kündigen] kam mir wegen all der Eintönigkeit. Dann gab mir [mein Boss] ein Projekt, bei dem ich der einzige Beschäftigte war. König, Kaiser, ich konnte mich nennen, wie ich wollte. Ich stellte

einen Techniker ein. Und daraus machten wir ein [milliardenschweres] Geschäft.

Jack Welch, CEO bei GE, dazu, dass er nach einem Jahr bei dem Unternehmen fast gekündigt hätte (*Fortune*, Januar 1999)

Ihr Garten ist Arbeit, weil er Hingabe und Einsatzfreude verlangt, weil er sie ganz in Anspruch nimmt und weil er eine Aufgabe darstellt, die niemals abschließend gelöst werden kann.

Donald Hall, Life Work, über seine nicht mehr lebende Frau, die Dichterin Jane Kenyon

Ich meine, es hilft, wenn man selbst nachdenkt.

A. E. Housman, Klassizist in Oxford, nach Tom Stoppard in *The Invention of Love*

T.D.L./Was will ich sein?

1. Führen Sie ein paar gute Freunde zum Mittagessen aus. Oder noch besser zum Abendessen. Gesprächsthema: Was will ich sein? (Ich bin mir darüber klar, dass dies fortgeschrittene klinische Psychologie ist. Und allerhand auf einmal. Aber Sie müssen einen Anfang machen ... irgendwie ... irgendwo.) Idee: Machen Sie aus dem Neben-der-Kaffeemaschine-über-die-Berater-von-Andersen-Consulting-herziehen-weil-sie-unsere-Jobs-wegdefinieren ein He-was-für-eine-Gelegenheit-aus-unseren-Jobs-den-öden-Mist-zu-verbannen, ... sofern-wir-nur-die-richtige-Einstellung-dazu-haben.

2. Wie würde »coole Arbeit« aussehen? Stellen Sie allein ... oder noch besser (wieder einmal) mit ein paar Freunden ... eine Liste von 25 (nicht weniger!) Merkmalen zusammen, die für Sie sinnvolle Arbeit definieren. Sind fünf Eigenschaften darunter, die Sie irgendwie mit

Ihrem derzeitigen Projekt verbinden können? *In der nächsten Woche?*

3. Suchen Sie ungeniert nach Slogans. (Fußball- und Basketballtrainer tun das ununterbrochen!) Gestalten Sie Poster: ARBEIT MACHT SINN! ICH BIN HERR ÜBER MEIN EIGENES UNIVERSUM! WIR SIND WICHTIG! NICHT STÖREN: HIER GEHEN GERADE SUPERCOOLE SACHEN AB.

4. Denken Sie an Spitzensportler, Hairstylisten, Zimmerleute, Chefköche und Filmstars, die Sie bewundern. Wie kann Ihre Arbeit deren Arbeit ähnlicher werden? Gehen Sie ins Detail. Bereden Sie dies mit den anderen Leidgeprüften, von denen ich die ganze Zeit rede. Bilden Sie eine Gruppe. Was auch immer.

TUN SIE ETWAS! BRINGEN SIE »DIE SACHE« VORAN.

2.

SIE HABEN KEINE WAHL: DIE BÜROREVOLUTION BEDROHT MICH/SIE/UNS UNMITTELBAR!

Die Geschütze der Produktivität zielen – nach 100-jähriger obsessiver Ausrichtung auf die Welt der Blaukittel – nun auf die der Büros. Und wenn der Rauch sich erst verzieht, wer wird dann noch auf den Beinen stehen? SIE!

Falls (DICKES »falls«) Sie realisieren, was sich da abspielt ... und entsprechend reagieren.

Der Kern

In der Attention Economy sind Star-Qualitäten gefragt. ... Wenn deine Arbeit nichts Außergewöhnliches zu bieten hat, wirst du, so sehr du dich auch anstrengst, nicht wahrgenommen, und das bedeutet in zunehmendem Maße, dass man dir auch nicht viel dafür bezahlt. Michael Goldhaber, *Wired*

Dieses Buch könnte genauso gut den Titel tragen: *Keine andere Wahl*. Das heißt: **Marke ... oder Harke**.

Ist das Angstmacherei? Radikales Gerede? Beide Male: »ja«. Und ... entschieden: »nein«.

Das heißt: Ihr Arbeitsplatz wird wahrscheinlich nicht verschwinden, bis Sie dieses Buch zu Ende gelesen haben. (Wenigstens, wenn Sie ein schneller Leser sind.) Aber er wird verschwinden oder sich zumindest bis zur Unkenntlichkeit verändern ... in den nächsten zehn Jahren.

Ich weiß, ich habe bei manchen das Image eines Radikalen. Nun, nichts entspricht weniger der Wahrheit. Nehmen Sie *Auf der Suche nach Spitzenleistungen*. Angeblich ein »revolutionäres Buch«. Erst 17 Jahre alt. Und doch ... und doch: Sie suchen »Globalisierung« oder »Informationstechnologie« im Stichwortverzeichnis vergeblich. Radikal?! Radikal, Teufel! Fast alle meine gröberen Fehler der letzten 20 Jahre beruhten darauf, dass ich nicht weit genug ging. Dass ich Geschwindigkeit und Ausmaß der Veränderung unterschätzte.

Ich wiederhole also: Mindestens 90 Prozent aller Büroarbeitsplätze werden im nächsten Jahrzehnt völlig neu erfunden/neu konzipiert werden.

Deshalb: Wer von uns – angefangen mit mir – die große Flut überleben will, steht vor der Herausforderung, sich selbst neu zu erfinden, ... bevor er auf dem Abstellgleis landet. Mit anderen Worten: »Tun Sie es selbst, bevor die Bastarde es mit Ihnen tun.«

T.D.L./Unabwendbare Bürorevolution

1. GLAUBT IHR WIRKLICH AN DIE KOMMENDE APOKALYPSE, SCHWESTERN UND BRÜDER? Ernsthaft: Sprechen Sie über die Bürorevolution. Studieren Sie sie. Lesen Sie über sie. (Gründen Sie – besser heute als morgen – einen Lesekreis.) Laden Sie Gurus zu einem »Arbeitsessen« ein. Die große Idee: ANTIZIPIEREN GEHT ÜBER REAGIEREN. Das heißt: Wäre es nicht cool, der Entwicklungskurve/Flutwelle – wenn möglich – ein wenig voraus zu sein?

2. Arrangieren Sie Mittag- oder Abendessen mit vier oder fünf Leuten, die Sie kennen und die erfolgreiche unabhängige Auftragnehmer sind. Oder laden Sie sie ein, vor einer kleinen Gruppe Ihrer Kollegen zu sprechen. Erstellen Sie eine Liste – eine Art Handbuch? – mit Arbeitsmerkma-

len in der New Economy (oder so ähnlich). Das heißt: Werden Sie ein Student! Machen Sie Ihre Hausaufgaben! Lernen Sie von Könnern!

3. Zielen Sie hoch! »Seien Sie optimistisch« wäre natürlich ein höchst unpassender Rat. Aber versuchen Sie, sich ein cooles Bild von einer coolen Bürowelt zu machen.

* * *

WIR SCHREIBEN DAS NEUE JAHRTAUSEND. **SIE KÖNNEN NICHT SO TUN, ALS WÄRE NICHTS GESCHEHEN.** Punkt. **Kann auch ich nicht.** Ich experimentiere wie wild mit verschiedenen Arten von Kommunikationswerkzeugen, ... zum Beispiel mit dieser Buchreihe und verschiedenen Medien (Telekonferenzen, Internet, computergestützte Trainingsprodukte). Warum?

**MIR – MIT 56 –
BLEIBT NICHTS ANDERES ÜBRIG.**

Es sei denn, ich will meine Zelte packen und leise in die kalte Nacht verschwinden. WILL ICH ABER NICHT! Und P.S.: Ich bin einer der Glücklichen mit der Option (sagen wir: den Mitteln), meinen Hut nehmen zu können. Solange Sie nicht einen Goldschatz in petto haben, ist diese radikale Neuerfindung Ihrer selbst ... im Sinn von ICH AG ... eine Notwendigkeit! Es sei denn, Ihnen gefällt die Vorstellung, sich in eine nette kleine Gefrierbox zurückzuziehen! (Und das, Kollege, ist nur eine kleine Übertreibung. Na okay, nicht ganz so klein. Aber was ich sagen will:

WIR SPRECHEN HIER ÜBER IHR LEBEN!)

3.

DIE ANTWORT: WERDEN SIE ZUR ICH AG.

Übersetzung: Willkommen im Zeitalter der **ICH AG** – wenn Sie clever sind.

Der Kern

Die Suppe ist am Kochen. Es blubbert gewaltig. Und kaum einer (keiner?) kommt ungeschoren davon. Die Bürorevolution schreitet voran. Rasch. Jobsicherheit – wie wir sie gekannt haben – wird es nicht mehr geben.

Also, ... **was jetzt?**

Meine Antwort: **Rückkehr zur Jobsicherheit!** (Nicht die Antwort, die Sie erwartet haben, möchte ich wetten.) Aber es geht um **neue** Jobsicherheit – oder vielmehr sehr alte. Um das, was Jobsicherheit – lange – vor der Zeit der Großunternehmen bedeutete. Um soziale Sicherheit. Und Arbeitslosenversicherung. Bevor es ein so genanntes soziales Netz gab, das die unbeabsichtigte Nebenwirkung hatte, Millionen von Büroarbeitern jegliche Initiative, Energie und Courage auszutreiben.

Ich spreche von Jobsicherheit in den Kolonien und im ersten Jahrhundert nach der Gründung unseres Landes. Das war:

* Können
* Besonderheit
* Kooperationsfähigkeit

Können = Marktgerechte Fähigkeiten. Besonderheit = Einprägsame Erscheinung. Kooperationsfähigkeit = Mundpropaganda.

Das ist so neu wie der Schmied aus der Kolonialzeit. (Und sein modernes Gegenstück, der Malermeister. Oder der vereidigte Wirtschaftsprüfer.) So neu wie Hollywood. Oder die rastlosen Webprogrammierer in ihren Appartements in San Francisco oder Austin oder Raleigh-Durham … oder Tahiti.

Es geht darum, bei dem, was Sie tun, stets so verdammt gut, genau und zuverlässig zu sein (und aufzupassen, dass Sie etwas machen, was gebraucht wird), dass die Welt einen Breitbandanschluss zu Ihrem Computer legt.

Mein neusprachlicher Ausdruck (Peters-Idiom) für diesen uralten, eigenständigen, kooperationsfreudigen, von der Mundpropaganda gepriesenen Spezialisten: ICH AG.

Ich glaube an die Kraft der Marke. In Anlehnung an David Ogilvy – wie so oft – denke ich, dass Marken kein bloßer Marketingschnickschnack sind. Der Verbraucher ist kein Idiot. Sie können Schrott auf lange Sicht nicht zur Marke machen. Und – laut Ogilvy – sind Sie ein verdammter Esel, wenn Sie aus gutem Stoff keine Marke machen: iMacs oder Ziplocs oder eine coole Atmosphäre zum Kaffeetrinken namens Starbucks.

Eine Marke ist ein »Vertrauenszeichen«. Ein Kürzel. Eine Entscheidungshilfe.

»DAS WORT« LAUT SCOTT

Scott war Geburtshelfer bei den Marken Nike und Starbucks. (Nicht schlecht.) Ich mag seine Beschreibung einer Marke:

DU BIST DER CEO DEINES LEBENS

Eine große Marke zielt auf Emotionen. ... Emotionen bestimmen die meisten, wenn nicht alle unsere Entscheidungen. Eine Marke erzeugt ein starkes Bindungsgefühl. Es entsteht eine emotionale Brücke, die weit über das Produkt hinausreicht. ...
Eine große Marke ist eine Geschichte, die niemals zu Ende erzählt wird. Eine Marke ist eine metaphorische Geschichte, die sich ständig weiterentwickelt. ... Geschichten erzeugen den emotionalen Kontext, den die Menschen benötigen, um sich in einem umfassenderen Lebenszusammenhang lokalisieren zu können.

Ich weiß nicht, wie es Ihnen geht, aber ich fühle mich nicht im Geringsten herabgesetzt oder entmenschlicht durch die Vorstellung von ICH AG, einem Lieblingsausdruck von mir. Ich finde im Gegenteil, dass ICH AG mich in die Nähe der Pilgerväter, Ben Franklin und Steve Jobs, rückt – ein Bezug, der mir weitaus lieber ist als der zum Firmenmenschen ... oder gar zum Schreibtischsklaven.

* * *

Eine Freundin, die Künstlerin Annette Lemieux, hat eine wundervolle Komposition geschaffen, ICH BIN. Neben ihrem feinsinnigen Werk hängt an meiner Zimmerwand eine plakative ganzseitige Anzeige aus einer Illustrierten, weiße Schrift auf schwarzem Grund. Es ist eine Anzeige von Discover Brokerage: DU BIST DER CEO DEINES LEBENS.

T.D.L./ICH AG = Überleben

1. Haben Sie Bekannte – Immobilienmakler, Anwälte oder dergleichen –, die in der Stadt renommiert sind und deren Namen im Kopf der Leute mit Qualität, Erfolg und Standvermögen verbunden sind? (Wenn Sie die lokalen Stars nicht persönlich kennen, fragen Sie herum, bis Sie jemanden finden.) Bitten Sie sie, mit Ihnen und vielleicht einigen Kollegen einen Abend zu verbringen und zu erzählen, wie sie es geschafft haben, sich »von der Masse« abzuheben. Haben sie ein besonderes Markenzeichen – fleißiges Versenden von Dankeskarten, eine bestimmte Halstuchfarbe, rasches Arbeiten –, wodurch sie sich auszeichnen? Das heißt: Integrieren Sie allmählich diese »Markenideen« in Ihren Wortschatz/Ihr Leben.

2. Spielen Sie mit Wörtern. Legen Sie ein Notizbuch an, auf Papier oder elektronisch. Fragen Sie sich selbst: WER BIN ICH? WER BIN ICH NICHT? (Die Experten sind sich einig: Eine Marke bezieht sich ebenso sehr auf das, was ein Produkt »ist«, wie auf das, was es »nicht ist«.)

3. Fragen Sie sich jeden Tag:

IST DAS, WAS ICH GERADE **JETZT TUE**, VEREINBAR MIT DEM AUFBAU EINER MARKE, MEINER MARKE?

Wenn nicht, dann werden Sie sich darüber klar, womit Sie Ihre Zeit verbringen.

4. Marken lassen sich nicht an einem Tag aufbauen! Sie sollten nichts überstürzen! Spielen Sie mit den Ideen. Bestimmen Sie Ihre Stärken (und Schwächen). Denken Sie über »Markenzeichen« nach. Probieren Sie dies und probieren Sie das. Gehen Sie gezielt vor, aber ohne Panik:

WIR SPRECHEN HIER ÜBER DIE ESSENZ IHRER PERSON. (À la Meryl Streep oder Ted Koppel.)

3a.

WAS, WENN WIR ALLE UNSEREN PERSÖNLICHEN »MARKTWERT« HÄTTEN, WIE DAS BEI SPORTLERN UND SCHAUSPIELERN OFT SCHON ÜBLICH IST?

DAS HEISST, EINE MESSBARE MARKTKAPITALISIERUNG, ÄHNLICH WIE BEI FUSSBALLSPIELERN?

Der Kern

Schlagzeilen aus den Wirtschaftsnachrichten im Frühjahr/Sommer 1999:

MBA: Managed By Agent

Newsweek über die Tatsache, dass sich Führungskräfte die eigene Karriere immer öfter von Agenten managen lassen.

Chefkoch unter Glas: Küchenberühmtheiten beschäftigen Imageberater

The New York Times über den »Chefkoch als Marke«

Das Ziel des Agenten [Leland Hardy] ist es, Athleten wie den Spitzenspieler der Saints, Ricky Williams, zu einer medienübergreifenden »Unterhaltungsfigur« zu machen.

Chicago Tribune. Hardy »sieht in Williams die Berühmtheit, die Symbolfigur, das Vehikel für eine Verschmelzung der Mediensparten im 21. Jahrhundert und geht damit weit über den begrenzten Horizont eines Fußballfeldes hinaus«.

DR. KOOPS GELUNGENER COUP

Business Week. »Was steckt in einem Namen? Wenn Sie C. Everett Koop sind, dann schätzungsweise 44,3 Millionen US-Dollar. Der Online-Gesundheitsservice des ehemaligen Chefarztes, Drkoop.com, ging am 8. Juni an die Börse.«

Was soll ich für diese bunten Vögel bieten?

aus einem *Wired* News Report. Am 27. April 1999 stieg das Online-Auktionshaus eBay ins Personalgeschäft ein. Ein Internetdienstleister, bestehend aus 16 Spezialisten, bot sich dem Meistbietenden an, bei einem Mindestgebot von 3,14 Millionen US-Dollar. Dafür bekam man die Dienste von einem Direktor, drei Managern, sieben Technikern und fünf Administratoren.

Management-Gurus haben, wenn sie klug sind, Management-Gurus. Ich habe beispielsweise Stan Davis. (Einmal habe ich sein Buch *Future Perfect* in einer Kolumne als »Managementbuch des Jahrzehnts« bezeichnet. Stan ist inzwischen auf einer neuen Schiene, der des ultimativen Informationszeitalters. In dieser seltsam anmutenden »Knowledge Economy« der Zukunft, so erklärt er, haben wir möglicherweise alle unsere messbare Marktkapitalisierung. Profisportler, Schauspieler und die Drei Tenöre haben sie schon. David Bowie gab 1997 Bowie-Anleihen heraus. Wir alle konnten auf seinen zukünftigen Marktwert setzen. Das war kein PR-Trick: Prudential kaufte das ganze 55-Millionen-US-Dollar-Angebot. (James Brown war im Juni 1999 der zweite, mit Brown-Anleihen in Höhe von 30 Millionen US-Dollar.) Klingt nach einer anderen Welt? Im ersten Moment ja. Aber wenn man darüber nachdenkt …

T.D.L./Individueller »Marktwert«?!

1. WAS, WENN … dies keine Spinnerei ist? Ich für meinen Teil bin gar nicht mal sicher, dass es eine ist. Ziemlich ulkig – wenn Sie ein 28-jähriger »angestellter« Buchhalter sind, nicht wahr?

Aber vielleicht, NUR VIELLEICHT, sollten wir weiter darüber nachdenken. Und noch weiter. (Ich tu's jedenfalls.)

4.

WARTEN SIE NICHT LÄNGER: MACHEN SIE EINE KAPITALBEWERTUNG IHRER PERSÖNLICHEN MARKE. UND: GESTALTEN SIE IHRE ANZEIGE FÜR DIE GELBEN SEITEN.

EINS: **Machen Sie eine PERSÖNLICHE ICH-AG-KAPITALBEWERTUNG.**

Hier sind einige Beispiele:

1. *Ich bin bekannt für [2–4 Dinge]. Mein Plan ist, nächstes Jahr um diese Zeit zusätzlich für [1–2 weitere Dinge] bekannt zu sein.*

2. *Mein augenblickliches Projekt fordert mich in den folgenden [1–3 Bereichen] heraus.*

3. *In den letzten 90 Tagen habe ich folgende [1–3 Dinge] dazugelernt.*

4. *Meine Adressenkartei hat sich in den letzten 90 Tagen um [2–4 Namen] erweitert.*

5. *Mein öffentliches – lokales/regionales/nationales/globales – »Erscheinungsprogramm« umfasst [1–2 Dinge].*

6. *Zwecks Erweiterung meines Curriculum Vitae gedenke ich in den nächsten 90 Tagen Folgendes zu tun: [1 Aktivität].*

7. *Mein Curriculum Vitae unterscheidet sich vom letztjährigen durch [1–2 Dinge].*

ZWEI: **Entwickeln Sie eine ACHTEL- ODER VIERTELSEITIGE ANZEIGE IN DEN GELBEN SEITEN FÜR DIE ICH AG.** Einige Firmen haben – im Rahmen ihrer Programme zur Erweiterung ihres intellektuellen Kapitals – formelle Gelbe-Seiten-Anzeigen entworfen. Wäre Ihre Firma darunter, wie würde Ihr Eintrag lauten? Würde er Pep haben? (Oder nicht?) Dies ist keine überflüssige Übung. Stellen Sie sich Leute vor, die Dienstleistungen suchen, wie Sie sie anbieten. Sie nehmen die Gelben Seiten zu Hand. Was können SIE ihnen bieten – knapp und ansprechend zusammengefasst –, das niemand sonst zu bieten hat?

DREI: **Formulieren Sie eine PERSÖNLICHE STANDORTBESTIMMUNG IN ACHT WÖRTERN**. Jetzt. (»Wenn du deinen Standpunkt nicht in acht oder weniger Wörtern beschreiben kannst, dann hast du keinen.« – Aus Jay Levinson und Seth Godin, *Get What You Deserve!*) Dies ist keine leichte Sache!

VIER: **Wie wärs mit einem ANSTECK-BUTTON, der das Wesentliche von Ihnen erfasst?** Im November 1998 bat ein Journalist einen Politiker, der sich um ein Amt bewarb, »sich in einem Ansteck-Button zu beschreiben«. Nette Idee! Was ist mit Ihnen? (Auch kein Pappenstiel.)

Der Kern

Ich greife hier vor. Sie wollen es wahrscheinlich lesen ... wieder vergessen ... und später darauf zurückkommen, während Sie den Rest des Buches durcharbeiten. Ich denke jedoch, dass es wichtig ist, an dieser Stelle die Grundlagen der ICH-AG-Idee zu erläutern.

Die Übung: Wir leben in einer geschäftigen, dichtbevölkerten Welt. Sie müssen selbst sehen, dass Sie am Ball bleiben.

Was **bin** ich? Wofür **stehe ich**? Wie kann ich mich vom Durchschnitt **abheben**?

Die ganze Idee mit den Karriereberatern in Unternehmen gefällt mir nicht. Ich will eben nicht, dass Big Brother Unternehmen ständig in mein Leben hineinfunkt. Es ist mein Leben, nicht das ihre! Natürlich kann ich mir professionelle Hilfe holen (ich gehe zu einem Analytiker), aber das ändert nichts daran: **ICH BIN DER CEO MEINES LEBENS.** Onkel Unternehmen wird mich – oder Sie – nicht länger verhätscheln. Punkt. Und: **R-I-C-H-T-I-G!!**)

Der Punkt dieses Buches/dieser Reihe:

(1) HOLEN SIE IHR/MEIN LEBEN VON »IHNEN« ZURÜCK. (2) ZUM TEUFEL MIT DILBERT: ZYNISMUS IST ETWAS FÜR HEULSUSEN. (3) SELBSTVERANTWORTLICHKEIT IST URAMERIKANISCH. (Wie paradoxerweise auch die Abhängigkeit von der Gemeinschaft Gleichgesinnter. Siehe weiter unten.)

Probieren Sie also eine oder mehrere der genannten vier Übungen. Zufällig lernte ich am Abend, bevor ich dies schrieb, eine sehr erfolgreiche Vertreterin für Körperpflegeprodukte kennen. Sie erzählte, sie sei 1998 auf einem meiner Seminare gewesen, und ihr habe besonders die Idee mit den Gelben Seiten gefallen. Sie und ihr Partner hätten daraufhin diese Idee zum Grundelement ihrer Mitarbeiterauswahl und -bewertung gemacht. »Früher fand ich Bewertungen jedes Mal furchtbar«, erzählte mir ihr Partner. »Jetzt machen sie sogar Spaß. Wir basteln zusammen mit den Betreffenden an den Gelbe-Seiten-Anzeigen, und das macht die Unterhaltung für beide Seiten zu einem Gewinn.« Er fügte hinzu, sie erwarteten auch von jedem Bewerber, dass er für seine Mappe eine Gelbe-Seiten-Anzeige erstelle. Das gefalle ihnen. (Und vor allem auch den Kandidaten.)

Das Wesentliche einer Gelbe-Seiten-Anzeige:

TOM PETERS, PROVOKATEUR ZU MIETEN

Tom in Aktion: Er quatscht. Er tobt. Er produziert knallharte Statistiken am laufenden Band. Geschichten ohne Ende. Dann fordert er radikales Handeln. Tom Peters ist auf einer Mission. Er will Arbeit neu erfinden. Jeder Tag soll zählen. Für jeden von uns in unserer Bürowelt. Nieder mit Dilberts Zynismus. *Business Week* nennt ihn »den besten Freund und ärgsten Feind der Geschäftswelt«. *The Economist* bezeichnet ihn als »Management-Überguru«. Jedenfalls ist er dabei, alles auf den Kopf zu stellen. An allen Käfigen zu rütteln. Tom, sagt Stephen Covey, bringt deine Moleküle durcheinander. Besuch ihn auf www.tompeters.com. Schreib ihm unter **tom@tompeters.com.**

JULIE ANIXTER

Mein Wert in 30 oder weniger Sekunden ...

Machen Sie Design zu Ihrem sichtbaren Vorsprung in Business und Ausbildung. Ich bin eine Designerin, die schneller eine große Idee hat, als Sie GROSSE IDEE sagen können, und die sofort sieht, wie sich diese Idee auf fünfzehnerlei Weise in coole Aktionen, Programme und Produkte umsetzen lässt. Ich glaube an Erziehung als Marketing und Marketing als Erziehung. Zudem bin ich ein eklektischer Renaissancemensch – mit einer angeborenen Leidenschaft für Kunst und Politik – ein Erbe meines Großvaters, der eine politische Größe im Chicago der zwanziger Jahre war. Und davon sollen Sie profitieren.

ERIK HANSEN

Spaßiger, schamloser, bissiger, optimistischer, sensationslüsterner Zwilling sucht harte Arbeit mit patenten Leuten. Ehemaliger Nordseefischer, Stahlbildhauer, Glasbläser, Sprengstoffexperte und Weltreisender ist sesshaft geworden, ... um ein akribischer, detailbesessener Projektmanager/-editor zu werden; verweigert Waschlappen die Zusammenarbeit; wundert sich, warum offenbar niemand es versteht, eine Geschirrspülmaschine richtig einzuräumen ...

Leitmotto von Henry James: »Sei jemand, an dem nichts verloren ist.«

Motto Nr. 2: Arbeite hart. Spiel hart. Iss gut. Sammle Kunst.

Motto Nr. 3: Wenn du keinen Spaß hast, dann machst du etwas falsch.

T.D.L./»Bewertungsinstrumentarium« der ICH AG

1. Individuell: Starten Sie den Bewertungsprozess ... jetzt. Entscheiden Sie sich für ein oder zwei der oben beschriebenen Vorgehensweisen. Erstellen Sie eine persönliche Markenkapitalbewertung oder eine Gelbe-Seiten-Anzeige. (Spielen Sie – richtiges Wort! – mit den anderen beiden Methoden. Das bringt Sie in Form.) Die Idee: Lernen Sie, über Ihre Besonderheiten zu sprechen. Als Einstieg ... HE! ... SIE MÜSSEN ANFANGEN!

2. Wiederholen Sie die obige Übung mit einer (kleinen) Gruppe von Freunden oder Kollegen. (Der »ICH-AG-Club«?)

3. Als »Bosse« professioneller Servicefirmen:

* Verwenden Sie eine oder mehrere dieser Vorgehensweisen als Basis für einen fortgesetzten Dialog mit jedem einzelnen Beschäftigten. Und mit allen zusammen. (Wofür stehen wir – alle zusammen? Wie können wir uns – gemeinsam – hervortun?)
* Verwenden Sie diese Vorgehensweisen als Basis für eine formale Bewertung. (Und integrieren Sie sie – siehe die oben erwähnte Vertreterin für Körperpflegeprodukte – möglicherweise in die Auswahlprozesse für Bewerber!)

4. Ich will nicht zudringlich sein (oder eigentlich doch). Aber falls Sie diese Vorschläge nicht gut finden … warum nicht? (Haben Sie eine bessere Idee? Großartig! Folgen Sie ihr. Nur bleiben Sie nicht stehen.)

4a.

WIR BRAUCHEN EINE MOMENTAUFNAHME: WIE SIEHT DIE ICH AG AUS, WIE FÜHLT SIE SICH AN? FÜR NEULINGE: ENTWERFEN SIE EIN LOGO.

Der Kern

Wir Menschen »denken« visuell. Ein Bild ist mehr wert als tausend Worte. Große Marken haben leicht wiedererkennbare Logos – siehe Nike oder Apple oder Shell –, starke, einfache Bilder, die sich dem Kunden einprägen.

Also … wie sieht die ICH AG nun aus?

Warten Sie! ... Ich laufe mir selbst davon. Bevor Sie ein Logo entwerfen können, müssen Sie wissen, was Sie damit transportieren wollen.

Meine Kollegen und ich haben mächtig mit dieser Aufgabe gerungen. Wir brauchten Monate. Wir beschlossen, dass wir ein Logo für eine ideale ICH AG entwickeln würden – »unseren« Helden des frühen 21. Jahrhunderts.

Wir fragten uns als erstes, »wer« unsere ICH AG sei. Wir stellten uns unsere Logofrau (unseren Logomann) so vor:

* Sie (er) findet ihre (seine) Arbeit richtig toll.
* Die Arbeit ist ein WOW!-Projekt.
* »Es« ist Wichtig.
* »Es« ist Cool.
* »Es« ist Wunderbar.
* Sie und ihre Arbeit sind »nicht zu übersehen«. Das Establishment hat zu schlucken, ein bisschen wenigstens.
* Sie ist eine Abenteurerin, hat etwas von einer Piratin.
* Sie ist ihre eigene Frau, CEO ihres eigenen Lebens (auch wenn dieses Leben momentan noch von der Gehaltsliste eines Unternehmens abhängig ist).
* Sie ist mindestens ein bisschen exzentrisch.
* Ihr Geschmack ist wählerisch, ihre Neugier unersättlich.
* Sie lacht viel.
* Sie findet Probleme so normal wie das Atmen.

* Ihr Handwerk ist ihr Ein und Alles.

* Sie kennt ein paar wirklich schräge Typen.

* Sie verzichtet auf einen »Prestigejob« zugunsten einer unspektakulären Aufgabe, wenn sie dabei etwas Neues lernen kann. (Das heißt: Sie träumt, isst und atmet Erneuerung.)

* Sie ist nicht Gott. Sie (er) ist nicht Superwoman(-man).

Sie (er) **ist** entschlossen mitzumischen!

Unten sehen Sie das erste Exemplar unseres Logomenschen, kreiert von unserem Partner Ed Koren.

Wozu die Aufregung?

»Man« sagt, ein Autor brauche jemanden, für den er schreibt. (Schreiben ist sehr persönlich, dem kann ich nur zustimmen.) Also haben wir es versucht:

* Wir wünschen uns (sehnlichst) einen Anti-Dilbert-Typen. (Ich liebe Dilbert. Er hat Recht. Er ist spaßig. Aber ich hasse seinen Zynismus, außer beim Aufwachen. Es geht um mein Leben, und das will ich nicht mit Aktenschieberei in einem verstaubten Büro vertun. Und Sie?)

* Wir wünschen uns einen coolen Typen, aber jemanden, der sich nicht für wer weiß was Abgehobenes hält. (Ohne Übertreibung: Ich denke, wir alle haben eine gehörige Portion Schneid in uns, der uns nur systematisch ausgetrieben wird von einem Erziehungssystem, das uns in erster Linie beibringt, was wir nicht dürfen; und von hierarchisch denkenden Arbeitgebern, die nicht glauben, dass wir zu Initiative und Kreativität fähig sind. Dieses Potenzial wartet – ängstlich! ungeduldig! – darauf, freigesetzt zu werden.)

T.D.L./Logo-Mensch

1. Helfen Sie uns (und sich selbst)! (BITTE!) Dies ist elementar. (Ein Bild wiegt tausend und abertausend Worte auf etc. He: Das stimmt!) Helfen Sie uns/mir! Malen Sie Bilder vom … befreiten Sie! Befreiten Ich! ICH AG. **Wie sehen »wir« aus … fühlen wir uns an … riechen … klingen … schmecken wir?** Bitte arbeiten Sie daran. Es ist wichtig. Und ganz praktisch. (Und wenn Sie wollen – was ich hoffe – können wir darüber reden: **www.tompeters.com**. Schicken Sie uns Ihre Ideen/Entwürfe/Kommentare.)

2. Wir definieren hier ein neues ICH/neues WIR. Also: Entwerfen Sie Wortbilder. Malen Sie richtige Bilder. Machen Sie sich Gedanken. Setzen Sie sich mit Kollegen zusammen. Dies ist kein Kinderspiel. VERGLEICHEN SIE DANN IHRE GESCHRIEBENEN/GEMALTEN ENTWÜRFE G-E-N-A-U-E-S-T-E-N-S MIT IHRER BISHERIGEN/AUGENBLICK-

LICHEN ARBEITSSITUATION. Unterschied? Wie starten Sie den notwendigen Veränderungsprozess, um diesen Unterschied zu verringern/aufzuheben? (Das heißt: Welche eine Sache können Sie heute anders machen, um Ihr Arbeits-Selbst mit Ihrem wirklichen, inneren Selbst in Einklang zu bringen? Zum Beispiel: Das wöchentliche Mitarbeitertreffen im benachbarten Park abhalten?!)

5.

VERGESSEN SIE »AUFTRÄGE«. DIE NEUE ICH-AG-WÄHRUNG: WOW!-PROJEKTE

»Job«/»Auftrag« implizieren Grenzen und Zwänge. (Zum Beispiel: »Das ist nicht mein Job«; »Ich muss diesen Auftrag bis Dienstag erledigt haben«.) Das klingt, als ob wir bloß tun, was uns aufgetragen wurde, anstatt unsere Aufgaben neu zu erfinden, bis Musik darin ist!

ICH AG heißt, dass Sie Ihre Fesseln abwerfen und fortan wertvolle und unverwechselbare »Produkte« (Projekte!) für konkrete »Kunden« kreieren. Die Produkte/Projekte werden zu »Vorzeigeobjekten«. Aus Kunden werden Partner/Mitverschwörer/begeisterte Fans/Propagandaträger.

Der Kern

ICH BIN MEINE PROJEKTE.

ICH BIN EIN »PROFESSIONELLER SERVICEANBIETER«. (Bin ich seit 1966.) Ich bin ein guter oder ein schlechter Vater. Bin mir nicht sicher. (Wer ist das schon?) Aber beruflich … ist alles klar:

ICH BIN MEINE PROJEKTE.

PUNKT.

Ich hasse – seit meinen Tagen bei der Marine vor über 30 Jahren – »Jobbeschreibungen«. Ich habe meine eigene Jobbeschreibung. Hatte ich vor 33 Jahren in Vietnam als 23-jähriger Offizier im Marine-Konstruktionsbataillon. Habe ich jetzt:

TUN SIE ETWAS ORIGINELLES.
JEDEN VERDAMMTEN TAG.
KOSTE ES, WAS ES WOLLE.

Ich bin nicht besonders religiös. Aber ich will beteiligt sein, wichtig sein, etwas bewirken. Die Währung – die einzige Währung – meines Universums sind Projekte.

Etwas. Etwas, das Hand und Fuß hat. Etwas für Kunden. Etwas mit einer persönlichen (Marken-)Handschrift.

Etwas W-i-c-h-t-i-g-e-s. Etwas, das die Welt eine Spur besser macht. Klingt sentimental? Sorry. Zynismus ist was für Verlierer. Billig, überflüssig und im übrigen todlangweilig. Haben Sie Mut zur Sentimentalität! (Ich habe NIE jemanden getroffen, der wirklich erfolgreich und gleichzeitig ein eingefleischter Zyniker war. Vielleicht in einigen Dingen ... aber NIE ... UND NIMMER ... hinsichtlich seiner/ihrer Leidenschaften/Projekte! Denken Sie, M. Jordan sei ein Zyniker in Sachen Basketball ... M. McGwire in Sachen Baseball ... S. Spielberg in Sachen Filme ... P. Lynch in Sachen Investmentfonds ... Oprah W. in Sachen Fernsehen? **KEINE CHANCE!** Sie alle sind wahre Gläubige!)

Meine Welt gehört mir. Die Leute (»sie« ... »die anderen«) setzen mir hart zu. Aber es ist meine Welt auf Gedeih und Verderb. Ich übernehme die volle Verantwortung. Wenn ich Bockmist baue, ist *nie* »der Boss schuld«.

Leben ist unberechenbar. Leben ist grausam. Leben ist unfair.

Aber es ist mein Leben. Es sind meine Projekte. Punkt. (Richtig?)

Und Ihres? (He?)

T.D.L./Ich bin meine Projekte!

1. Ja? Oder: Nein? ICH B-I-N M-E-I-N-E P-R-O-J-E-K-T-E. Bitte, … denken Sie darüber nach (angestrengt).

2. **Also, wird »das Projekt«, an dem Sie … jetzt gerade … arbeiten, etwas bewirken?** Ist es wichtig? Zum Beispiel: Wird die Welt dadurch ein besserer Ort (sagen wir, für Ihre Kunden)?

3. Starten Sie einen Dialog mit Ihren Kollegen zum Thema: ICH BIN MEINE PROJEKTE. Sind »wir« – alle – einverstanden mit der Idee? Wenn ja, ist jedes unserer Projekte … potenziell wichtig? (**Wirklich?!**)

5a.

VOLLER EINSATZ FÜR DAS PROJEKT »LEBEN«. STREBEN SIE NACH MEISTERSCHAFT.

Der Kern

Der Journalist George Leonard schrieb ein wunderbares Buch mit einem wunderbaren Titel: *Mastery* (dt.: Der längere Atem). Es handelt vom leidenschaftlichen Streben nach **M-e-i-s-t-e-r-s-c-h-a-f-t** in einer Disziplin. Segeln. Oder Judo. Oder Kochen. (Oder coole Talente rekrutieren.) Wir erwarten diesen Perfektionsgrad. Von einem Neurochirurgen. Von einem Cellisten. Oder einer Sopranistin. Oder einem Romancier. Oder einem NBA-Spieler. Und nicht zu vergessen von dem wunderbaren Tischler, der unsere Küche in ein Schmuckstück verwandelt. (Paul Roberts tat das mit der meinigen.)

Warum also nicht der »Systemspezialist«? »Trainer«? »Einkaufsleiter«? Von … Meisterleistung … reden wir hier üblicherweise nicht.

Warum nicht?

Warum hat Dilbert gewonnen? Und Meisterschaft verloren? Ich will ihr wieder zu ihrem Recht verhelfen. Mit Nachdruck. Meisterschaft und das Projekt »Leben«.

T.D.L./Meisterschaft und das Projekt Leben

1. ICH AG und Meisterschaft. Keine Alternative. Was … genau … bedeutet Meisterleistung? Fragen Sie einen befreundeten Chirurgen. Einen Architekten. Einen bekannten Künstler. Einen Tischler, der für zwei Jahre ausgebucht ist.

2. Definieren Sie … Meisterschaft und das Projekt Leben. Wie sehen die Merkmale aus? (Notieren Sie insgesamt 15.) Ist »es« die Mühe wert? Das Opfer? (Fragen Sie – wieder – den Chirurgen.) Ist Ihr Beruf eine »Berufung«? Wenn nicht, was, wenn überhaupt, können Sie daran ändern? Welche Möglichkeiten haben Sie, außer den Beruf zu wechseln? Wie können Sie aus Ihren Projekten etwas machen, das den Einsatz lohnt? Konkret? Beginnen Sie mit dem gegenwärtigen Projekt. Sprechen Sie mit Ihren Teamkollegen: Wie können wir dieses Projekt zu einem Schritt in Richtung Meisterschaft machen?

3. Das ist nicht einfach. Und persönlich. Es handelt davon, wer Sie sind. Wer Sie sein wollen. Nehmen Sie es persönlich! Legen Sie los. Aber hetzen Sie sich nicht, … verlangen Sie nicht zu viel von sich selbst. Gehen Sie mit Sorgfalt vor. Richtiges Wort: Hier dreht sich alles um S-o-r-g-f-a-l-t.

6.

ICH AG IST »VERPACKUNG«

Die wenigsten von uns – außer Martha Stewart und einer Hand voll anderer – sehen sich selbst als »Verpackung«. Fehler! Wir alle sind Verpackung. (»Er ist ein Macher.« »Sie ist eine Kanone.« »Er ist die größte Nervensäge, die ich kenne.«) Der Witz an der ICH AG ist, dass Sie Ihre Verpackung und die durch sie transportierte Botschaft selbst kontrollieren.

Schritt Nr. 1: Gehen Sie in ein Lebensmittelgeschäft. (Kein Scherz.) Betrachten Sie die Verpackungen genauer, an denen Ihre Aufmerksamkeit – buchstäblich – hängen bleibt. Und die anderen. Erstere (wette ich!) verfügen über: Energie! Vitalität! Klarheit! Sparsamkeit! Neuheitswert! Zuverlässigkeit! Attraktivität und brillantes Design! Alles keine üblen Eigenschaften für Ihre oder meine ICH AG, oder?

Der Kern

»Verpackung [ist] Versuchung. ... Verpackung dient dazu, Entscheidungen zu vereinfachen und zu beschleunigen. ... Sie [McDonald's und andere] haben keine Verpackung. Sie sind Verpackung.«

Thomas Hines, aus *The Total Package*

Ich kann Sie murmeln hören: **»Peppig? Ich? Das passt nicht zu mir! Was erwartet ihr? Dass ich zu einem Chirurgen gehe? Mir eine andere Persönlichkeit einpflanzen lasse?«**

Nein!

Tatsache ist – entschuldigen Sie die banale Bemerkung – Sie haben eine Persönlichkeit. (Fragen Sie Ihre guten Freunde!) Eines der (großen Werde-ICH-AG-)Probleme: **Viele/die meisten von uns verbergen ihre Persönlichkeit zwischen neun und fünf.** Wir haben Angst zu zeigen, was wir wirklich drauf haben. Wir verleugnen unsere Spontaneität und Verrücktheiten ... und produzieren dilberteske Ressentiments gegen den Boss und/oder unsere Mitarbeiter, was sich in passiver Aggression manifestiert. Beispielsweise, indem wir unsere Arbeit mehr schlecht als recht machen. Raten Sie mal, wem das am meisten wehtut? (Hinweis: Nicht dem Boss.)

Eines der Geheimnisse von Southwest Airlines. Gewiss, in dem Geschäft geht's um Leben oder Tod. (Beste Sicherheitsbilanz der Branche!) Aber die Mitarbeiter strahlen P-e-r-s-ö-n-l-i-c-h-k-e-i-t aus, weil ... sie danach gefragt werden! Das Unternehmen fordert seine Beschäftigten auf: **BITTE, ... lasst eure Persönlichkeit nicht im Parkhaus zurück.** Bringt sie mit zur Arbeit! Lebt sie aus! Bringt Würze in das Leben von Kollegen und Kunden!

Was mich auf die Verpackung zurückbringt. Denn Verpackung ist gelebte Persönlichkeit. Für Ford. Und Fidelity. Für Harvard. Und Brown. Und McDonald's. Und für mich. Und ... für Sie.

Angenommen, Ihr Arbeitsplatz ist futsch. Sie müssen sehen, wie Sie Ihre Dienste verkaufen. Entweder als Selbständiger oder über einen Headhunter.

WER SIND SIE EIGENTLICH? Welche Begriffe und Formulierungen fallen Ihnen ein? Fähigkeiten? Eigenheiten? Worin sind Sie anders? Was unterscheidet Sie von der Masse [aus Trainern, aus Systemspezialisten]? Warum sollte ich – als potenzieller Arbeitgeber – 70 000 US-Dollar pro Jahr in Sie investieren? Oder 800 US-Dollar Honorar pro

Tag für die Durchführung irgendeines Projekts? Will heißen: WAS SAGT MIR IHRE »VERPACKUNG«?

T.D.L./ICH AG ist Verpackung

1. Lesen Sie *The Total Package* von Thomas Hines. Und Dale Carnegies Klassiker *Wie man Freunde gewinnt*. Sprechen Sie mit Verpackungskünstlern. Besuchen Sie zwei oder drei »Solokünstler«: Grafikdesigner, Anwälte, Wirtschaftsprüfer. Wie – konkret! – VERPACKEN sie sich? Machen sie sich darüber Gedanken? Wenn ja, ... mit welchen Begriffen? Konkret?

2. Nehmen Sie einen Bleistift und kritzeln Sie los. Bilder. Wörter. Auch Lieder. WER BIN ICH? Worin liegt meine Besonderheit? Warum wäre ich ein super/guter/cooler Typ in einem wichtigen Projektteam? Spielen Sie damit. (Aber fangen Sie an.) Tun Sie es allein. Mit einem Freund.

3. Gehen Sie wirklich in das Lebensmittelgeschäft. Nehmen Sie sich eine Stunde Zeit. Besuchen Sie ein Einkaufszentrum. Bleiben Sie zwei Stunden. Schauen Sie sich Filmplakate an. Werden Sie ein ... **Verpackungsfan**. Das heißt: Studieren Sie Verpackungen! Prüfen Sie Verpackungen! Was – genau – macht Sie an, lässt Sie kalt? Und: Was folgt daraus – konkret – für Sie? Wie können Sie Ihre ICH AG »verkaufen«?

7.

MACHEN SIE SICH SELBST ZUR FIRMA: DIE ICH AG.

William Bridges nennt es ICH & Co. (Sein provokantes Buch: *ICH & Co.*) Das Magazin *Fast Company* spricht von der Nation der Selbständigen und der Einpersonen-Abteilung. Alles beginnt damit, dass Sie hinter Ihrem Schreibtisch sitzen und sich sagen: »Okay, offiziell bin ich noch bei Müllermaier & Co. Aber in Wirklichkeit bin ich Frau Selbständig ... ausgeliehen an die Müllermaier AG, solange **ich** will.«

Der Kern

ICH BIN EINE FIRMA!

Das ist mein Ticket! Ab wann gültig? **AB SOFORT**. Wenigstens ... in meinem Kopf.

Die größte Hürde auf dem Weg zur ICH AG befindet sich zwischen Ihren Ohren. Sie müssen lernen, unabhängig zu denken. Und das hat nicht das Geringste damit zu tun, ob Sie bei Ihrer jetzigen Firma noch sechs Monate ... oder 16 Jahre zu bleiben gedenken. (Naja; wenn Sie »16 Jahre« auch nur in Erwägung ziehen, dann meinen Sie es nicht wirklich ernst mit dem Projekt »Leben«/ICH AG.)

Es hat sehr wohl damit zu tun, wen Sie im Spiegel sehen: den Firmenmenschen? Oder Marge Jacobsen, unabhängige Akteurin, nach Erstklassigkeit und Meisterschaft strebend, die im Moment ... bis auf weiteres ... für die Finanzabteilung von USAA arbeitet?

Firma **AG**, eigene Abteilung: All das steht für etwas. Liefert ein definiertes, klares, messbares … Produkt. Da ist niemand … NIEMAND … auf diesem ganzen Planeten, der exakt dasselbe bieten kann wie Sie. **FIRMA SIE**. Klingt das nicht fantastisch?

Machen Sie ein Spiel daraus: Es ist 6 Uhr früh. **Firma Marge Jacobsen** steht auf, trinkt eine Tasse Kaffee (oder drei), fährt zu ihrer internationalen Firmenzentrale. Firma Marge Jacobsen wirft ihren Computer an. Firma MJ verleiht jedem E-Mail, das sie schreibt oder beantwortet, ihre eigene UNVERWECHSELBARE Note. Firma MJ pflegt ihre Kontakte. Firma MJ vereinbart ein Essen mit einem interessanten Informanten. Firma MJ überlegt s-o-r-g-f-ä-l-t-i-g, was zu tun ist. (Es handelt sich schließlich um die Agenda – und Zielvorgabe – des Unternehmens/der Firma MJ für diesen anstehenden, wertvollen Tag.)

Etc.

T.D.L./Firma SIE

1. Nur mal angenommen, Sie und ein paar Ihrer Kollegen wären von jetzt an Firma Margery Martinez und ihre Partner, … Firma Deborah (anstatt: »Debbie«) Atkins und Firma Dolph Serrino. Wie fühlt sich das an? Was folgt daraus? Was für Dinge würde Firma Margery Martinez heute nicht tun, von denen sich »Martinez in der Buchhaltung« durchaus mal ablenken lässt?

2. Ihr Tagesplan ist heilig. Manches ändert sich im Lauf des Tages … jeden Tag. Aber Ihr Tagesplan hat für Sie im Endeffekt den gleichen Status wie der Sendeplan für NBC. Er ist das, wofür Sie an diesem Tag bei der Firma Harold R. Simpson, Wirtschaftsprüfer-mit-Zukunft, stehen. Richtig? Nehmen Sie also diesen Plan (auch in Bezug auf das, was nicht darauf steht) extrem ernst. Denken Sie wie der Planungsstab des Präsidenten der Vereinigten Staaten. Jeder Moment, jedes kleinste Ereignis trägt eine Botschaft. Mehrt oder mindert Ihr Markenimage. Das heißt: Werden Sie Ihr eigener selbstbewusster PR-Manager, Botschafter und Nachrichtenproduzent für ... Firma Harold R. Simpson.

8.

SAGEN SIE ES LAUT! DIE ICH AG IST AUSDRUCK DESSEN, WAS IHNEN WICHTIG IST.

Der Kern

»Das Einpersonen-Business ist Business als Lebensstil – Business als Ausdruck dessen, wer du bist und was dir wichtig ist.«

Claude Whitmyer, Salli Rasberry, Michael Phillips,
aus *Running a One-Person Business*

Wunderbar!

* WER SIE S-I-N-D.
* WAS IHNEN W-I-C-H-T-I-G IST.

Meisterschaft. Wachstum. Qualität. WOW!-Projekte. Autonomie. Selbstkontrolle. WAS MIR WICHTIG IST. Das sind die Zutaten von ICH AG/Firma ICH/SIE & Co. (Was für ein Unterschied zu Dilbertville!)

Es geht ums Überleben. Stimmt. Aber es geht auch – oder vor allem – um die »Moral«. WAS IHNEN WICHTIG IST. Wollen Sie ehrlich behaupten, bei den vier Besprechungen gestern im Büro, bei der »Arbeit«, wäre es um Dinge gegangen, die Ihnen ... im »Leben« ... etwas bedeuten? Denken Sie zurück. Intensiv. An jede der vier Besprechungen. Haben Sie vor sich hingeträumt? Oder haben Sie einen dezidierten – möglicherweise ganz stillen – Beitrag geleistet, der mit den großen Dingen in Einklang steht, die Ihnen, diesem Menschen, den es nur einmal gibt, im Leben wichtig sind? Was war Ihr gestriger Tag im Vergleich mit dem Arzt, der seine Runde macht, oder dem Gemeindepfarrer, der seine Gläubigen betreut?

Klingt das hochgestochen? He! ... Wir reden hier über Ihr Leben/Ihr Lebenswerk!

T.D.L./Die Moral von der ICH AG

1. Also, ... rekapitulieren Sie die gestrigen Meetings/Tätigkeiten. Sorgfältig. Was sagen sie über Sie? Reflektieren sie – uneingeschränkt – die »Dinge, die Ihnen wichtig sind«? Dann lassen Sie uns auf morgen oder die nächste Woche Vorschau halten. Wie können Sie – konkret – Ihre Terminplanung so umgestalten, dass sie wirklich widerspiegelt, was Ihnen als Joan-(oder: Bob-)ICH-AG-wichtig ist?

2. **Haben Sie ein »Mission Statement«? Wenn nicht, warum nicht?** Woher wissen Sie, was Ihnen wichtig ist, wenn Sie es nicht ... in irgendeiner Form ... in Worte fassen können? Wenn eine solche Zusammenfassung bisher fehlt, dann wird es Zeit, dass Sie sich einmal – allein oder mit ein paar Kollegen – darüber Gedanken machen. (Hinweis: Dies ist von nachhaltiger Wichtigkeit.)

3. Noch einmal (sorry): **Was für Sie von Bedeutung ist, spiegelt sich u-n-m-i-s-s-v-e-r-s-t-ä-n-d-l-i-c-h darin wider, (1) wie Sie Ihre Zeit verbringen, (2) was Sie zu jeder einzelnen Besprechung beisteuern, und (3) mit welchen Leuten Sie verkehren.** Also: Wie steht's damit? Suchen Sie sich einen Aspekt aus, den Sie in den nächsten 24 Stunden ändern können.

9.

ES IST KEIN SPAZIERGANG: DIE ICH AG VERLANGT EIN BREITES SPEKTRUM AN FÄHIGKEITEN.

Zum Beispiel:

* Eine realistische, prägnant formulierte Geschäftsidee
* Ein breites Spektrum an »Serviceprodukten«
* Zwanghafte Kundenorientierung
* »Verkaufsgespür«
* Ein klares Verständnis für die Grundlagen der Buchführung (zum Beispiel was der »Geschäftsbetrieb« kostet, auch wenn Sie noch auf einer Gehaltsliste stehen)
* Ein ausbaufähiges Netz von »Subunternehmern«, die Hilfsdienste leisten

Der Kern

Die folgende Liste nützlicher Fähigkeiten stammt aus Claude Whitmyer u. a., *Running a One-Person Business*:

* Geschäftssinn ... wie du aus deinen Talenten eine realistische Geschäftsidee machen kannst
* Marktgespür ... deine »Idee« braucht Kunden
* Sorgfalt bei der Auswahl der Kunden ... du bist deine Kunden
* Grundkenntnisse in der Buchführung
* Konzentration auf eine Geschäftsidee, ...

aber mit einem umfassenden Angebot an einzelnen Serviceleistungen

* Erweitere deine Fähigkeiten ... ständig
* Erklär dich selbst ... in 35 oder weniger Wörtern
* Verkauf dich selbst
* Emotionale Unterstützung – zum Beispiel hilfreiche Freunde, mit denen du regelmäßig Forschritte und Rückschläge erörtern kannst

»Geschäftsfähigkeiten« sind höllisch befreiend! (Sie machen uns – buchstäblich – frei.)

Die meisten von uns – selbst wenn wir auf einer Gehaltsliste stehen – müssen sich anstrengen, um diese Fähigkeiten zu erwerben. Bewusst. Obwohl ich zwei Abschlüsse auf diesem Gebiet habe, denke ich noch mit Schrecken an die ersten Tage zurück, nachdem ich McKinsey & Co. verlassen hatte. Ich hatte keine Vorstellung, was die Dinge kosten. Ich wusste nicht, wie eine Rechnung auszusehen hatte. Ich war ein erbärmlicher Verhandlungsführer. (Obwohl es um die Butter ging, die ich mir auf mein eigenes Brot schmieren wollte.) Im Rückblick weiß ich, dass ich mir einige Schnitzer erspart hätte, wenn ich früher die Augen aufgemacht hätte.

T.D.L./Fähigkeitsspektrum

1. Kaufen Sie sich *Running a One-Person Business* von Whitmyer. Machen Sie es zum Thema informeller (und weniger informeller) Studientreffen mit einer Hand voll Kollegen. Das bedeutet nicht, dass Sie Ihren Arbeitgeber hintergehen: **Ihre verbesserten Fähigkeiten als Unter-**

nehmer kommen den Dienstleistungen zugute, die Sie in Ihrer Abteilung »verkaufen«.

2. Gehen Sie alle oben genannten Punkte durch. Stellen Sie sich für jeden oder zumindest für die zwei oder drei Punkte, bei denen Sie am meisten Nachholbedarf sehen, ein Lernprogramm zusammen. (Machen Sie eine – quantitative – Selbstbewertung bezüglich jedes dieser Merkmale.) Erwägen Sie einen externen Schulungskurs beispielsweise in Buchführung.

3. Große Idee I: **Wie wär's mit einem Abschluss als Betriebswirt?** Ich kritisiere seit langem lautstark gewisse Mängel des Master of Business Administration. Aber ich habe einen. Und ich bin froh darum. Und wenn Sie 34 Jahre alt sind und einer unsicheren Zukunft entgegengehen (sie *ist* unsicher, … Sie müssen es lediglich einsehen, wenn nicht schon geschehen), dann erwägen Sie ein entsprechendes Abendstudium.

4. Große Idee II: **Erwägen Sie einen Abteilungs- oder Jobwechsel – möglicherweise sogar eine berufliche »Verschlechterung« –, die Sie aber in eine bessere Position bringt, die für eine selbständige Tätigkeit notwendigen Fähigkeiten zu erwerben.** Das mag widersinnig klingen (beruflicher Abstieg?!), aber mein Irrsinn hat Methode: Sie wollen doch vorbereitet sein, wenn die große Sintflut über Sie hereinbricht, oder? Elementare Geschäftsfähigkeiten sind für den Aufbau der ICH AG unverzichtbar. Sie werden dann sehr viel besser dastehen, wenn es erst richtig losgeht.

9a.

ICH-AG-HELDEN TRAGEN MINDESTENS »ACHT HÜTE« ... VON MARKETING ÜBER BUCHFÜHRUNG BIS PRODUKTENTWICKLUNG.

Laut William Bridges in *ICH & Co.*:

* *Der Marketinghut*
* *Der Produktentwicklungshut*
* *Der Betriebsführungshut*
* *Der Kundenservicehut*
* *Der Verkaufshut*
* *Der Informationsmanagementhut*
* *Der Zeitmanagementhut*
* *Der Planungshut*

Der Kern

Dies ist eine Variation des Themas aus Kapitel 9. Nennen wir es: **»Die acht Hüte der ICH AG«.** Gewiss, eine etwas beängstigende Liste. Aber als effektiver/unternehmerisch denkender Angehöriger einer professionellen Servicefirma ... auf der Gehaltsliste der Buchführungsabteilung oder als Boss der ICH AG ... müssen Sie mit allen acht Hüten mindestens eine leidliche Figur machen.

Vermarktung: Ihr Marketing-»Material« muss beeindrucken. (Selbst wenn Sie noch auf besagter Gehaltsliste stehen.) Ihre Verpackung muss einprägsam sein (siehe Kapitel 6). Ihre Kundenstrategie glasklar.

Produktentwicklung: Sie bieten Dienstleistungen, die gebraucht werden, das heißt Produkte. Und Ihr Produktsortiment muss ständig auf den neuesten Stand gebracht werden ... gelegentlich in dramatischem Tempo. »Überholt« ist für Sie ebenso ein Problem wie für Hewlett-Packard.

Betriebsführung: Da ist ein Business – SIE! – das gemanagt werden will. Glänzende Berichte wollen geschrieben und brillante Subunternehmer gefunden und unter Vertrag genommen werden. Die Zahlen müssen am Ende des Monats ebenso stimmen wie die Logistik. Ein nachlässig geführter Betrieb kann die Firma SIE schnell unterminieren.

Kundenservice: B-i-t-t-e verstehen Sie die Kunden als Partner. (Siehe unser Buch *TOP50 – Servicemanagement* zum Unterschied zwischen Kunden als »Abnehmer« und Kunden als »Partner«. Zur Information: Er ist gewaltig, psychologisch wenigstens.) Seien Sie sich darüber im Klaren, dass der Service für diese Partner jeden Tag – zu jeder Stunde – höchste, ausdrückliche Priorität besitzt. (Dies gilt für den Mitarbeiter einer Verkaufsabteilung ebenso wie für den CEO der Firma ICH AG.)

Verkauf: Verkaufen Sie! **Verkaufen Sie!** Verkaufen Sie! Ob Sie auf einer Gehaltsliste stehen oder nicht, WOW!-Projekte sind ein Verkaufsspiel! (Siehe auch unser Buch *TOP50 – Projektmanagement* zu diesem Thema.)

Informationsmanagement: Große Begriffe wie »Dateninfrastruktur« machen für das Einpersonen-Geschäft mindestens ebenso viel Sinn wie für ein Zigmilliarden-US-Dollar-Unternehmen. »Dateninfrastruktur« ist für ein Ablagesystem ein ziemlich hochgestochener Begriff. Aus den Erfahrungen nach meinem Weggang bei McKinsey & Co. weiß ich aber, dass es eine große Sache ist, wenn man erstmal auf eigenen Beinen steht und aus seinem persönlichen Infosystem ein echtes Strategieinstrument macht. Die ICH AG kann dem Computerzeitalter nicht entrinnen. Im Gegenteil, das Computernetzwerk erweitert die Möglichkeiten der ICH AG; sehen Sie zu, dass Sie in diesem Bereich fit sind.

Zeitmanagement: Keiner von uns kriegt diesen Punkt wirklich »auf die Reihe«. (Der Tag hat einfach nicht genug Stunden.) Aber wir müssen ständig daran arbeiten. Kurz: Wir sind nur z-i-e-l-o-r-i-e-n-t-i-e-r-t/strategisch klar, wenn unsere Zeiteinteilung diese Kriterien erfüllt.

Alle acht Hüte haben die gleiche Priorität! Sie müssen sich in ein achtköpfiges Wunderwesen verwandeln. Natürlich werden einige Hüte besser sitzen als andere, ... und gerade auf letztere müssen Sie sich konzentrieren.

T.D.L./Die acht Hüte der ICH AG

1. **Warum nicht einen neuen Ordner für jeden der acht Hüte anlegen?** (Sofort.) Kümmern Sie sich in Zukunft regelmäßig um alle acht Bereiche.

2. Gehen Sie jede Woche die acht Hüte wie eine Checkliste durch: Was haben Sie im Hinblick auf jeden einzelnen erreicht? Was ist für die kommende Woche geplant? Erwägen Sie außerdem eine vierteljährliche Rückschau. Allein. Die Idee: Achten Sie darauf, dass Sie keinen der Hüte vernachlässigen.

3. Erstellen Sie einen mehr oder weniger formellen Studienplan für jeden einzelnen Hut. Das heißt: Sie müssen in allen acht Bereichen besser werden.

10.

LERNEN SIE DAS GROSSE SPIEL ZU SPIELEN. SIE MÜSSEN DAS WIRTSCHAFTS-EINMALEINS BEHERRSCHEN.

So nennt es Jack Stack, Chef der Springfield Remanufacturing Corporation.

Idee: Sie müssen lernen, wie man Geld verdient.

Sie müssen sich in den elementaren, die ICH AG betreffenden Wirtschaftsgesetzen auskennen, ... auch wenn Sie noch auf einer Gehaltsliste stehen. Kopfzeile: Sie müssen eine – klare – Vorstellung vom Marktwert Ihres »Produkts« haben. Fußzeile: Sie müssen wissen, was es kostet, diesen Wert zu produzieren (zum Beispiel 2000 US-Dollar monatliche Reise- und Telefonkosten).

Der Kern

ICH AG bietet Dienstleistungen. Das ist unser »Produkt«. Produkte – von M&Ms bis zu den Dienstleistungen eines Architekturbüros – haben einen Marktwert. Und damit verbundene Kosten: Reisen, Telefon, Kopien, Berichtserstellung, Recherche etc. Die Gleichung:

Ausgehandelter Preis – Kosten = Gewinn.

Ich hatte Glück. Für mich arbeitete 1983 als Halbtagskraft die muntere Mary Kay. Ein potenzieller Kunde rief an; ohne Anweisung nannte sie für ein Seminar einen Preis, der dreimal über dem lag, was ich jemals zuvor genommen hatte. *Auf der Suche nach Spitzenleistungen* war gefragt, ... und der potenzielle Kunde akzeptierte klaglos. Ich lernte eine wichtige Lektion von der Kauffrau Mary Kay.

Nämlich: Verlange, und die Chancen stehen gut, dass du bekommst.

Preise für Dienstleistungen: Ich halte häufig Reden vor großen Versammlungen. Ein Colin Powell oder George Bush, die sich aus der Politik zurückziehen, betreten den Rednermarkt auf einem stratosphärischen Honorarniveau, das die Maßstäbe nach oben verschiebt. Wir alle heben unsere Honorare entsprechend an ... und schlüpfen glücklich unter das angehobene Dach.

Wenn es um meine Bücher geht, hat Esther Newberg, Agentin bei International Creative Management, stets wochenlang damit zu tun, die komplizierten Details eines »Handels« auszutüfteln. (Und deren gibt es viele; schließlich möchte man eine hohe Summe aushandeln ... und gleichzeitig eine vertrauensvolle Beziehung mit dem Verleger entwickeln/aufrechterhalten. Keine leichte Aufgabe.)

So werden im Dienstleistungsmarkt Preise festgelegt. Ihr Preis entspricht gewissermaßen Ihrem Gehalt. Aber dieses Gehalt ist ein eher allgemeiner Maßstab dafür, was »Leute wie Sie« gezahlt bekommen; es ist kein exakter Indikator für den Marktwert der von Ihnen gebotenen, einzigartigen Dienstleistungen.

Sie beginnen eine genauere Wertbestimmung mit einer klaren Definition Ihres Produkts. Als nächstes bringen Sie in Erfahrung, welche Honorare von Leuten erzielt werden, die vergleichbare Dienstleistungen auf dem offenen Markt anbieten. Das ist manchmal nicht einfach, aber immer möglich. (Sie sollten das auch dann tun, wenn Sie – vorläufig – auf einer Gehaltsliste zu bleiben gedenken.) Eine Produktdefinition in Begriffen, die vom Markt verstanden werden, und ein Produktwert sind wichtig ... für jeden von uns.

Danach versuchen Sie, sich eine Vorstellung von den Kosten zu machen. Nicht einfach in der Welt der großen Unternehmen, wo so viele Dienstleistungen – wie das 66fache Kopieren eines Berichts – »umsonst« sind. Sie müssen aber nach und nach eine Idee davon bekommen, wie viel es kostet, eine wertvolle Dienstleistung anzubieten. Höchstwahrscheinlich werden Sie unangenehm überrascht sein. Was auch mehr oder weniger der Sinn der Übung ist. (Denken Sie an den Betriebsführungshut aus Kapitel 9a!)

Ich will nicht, dass Sie übertreiben. Aber ich möchte Ihnen den nötigen Schubs geben. Damit Sie die ökonomischen Grundlagen der Dienstleistungen/Produkte erfassen, die Ihre ICH AG zu bieten hat.

T.D.L./Die Gleichung des Wirtschaftens verstehen

1. Beginnen Sie mit einer klaren, marktorientierten Definition Ihrer Produkte. Setzen Sie sich dazu, wenn möglich, mit einem »echten« professionellen Dienstleistungsanbieter zusammen. (Schnorren Sie ein paar Stunden von Ihrem Nachbarn, jenem ER-AG-Wirtschaftsprüfer.)

2. Erkundigen Sie sich hier und da – im Internet, in Wirtschaftsmagazinen, auf Fachausstellungen – nach den Preisen für vergleichbare Dienstleistungen.

3. Machen Sie sich Gedanken über Ihr einzigartiges Verkaufsargument. (Der Begriff ist nicht übertrieben, ebenso wenig wie beim Mittelfeldspieler eines Erstligisten.) Was zeichnet Ihr Produkt aus? Wie hoch sollte/könnte sein Preis sein?

4. Beginnen Sie Kostendetails zu sammeln. Für den Anfang tut's ein Papp- oder elektronischer Ordner. Seien Sie vorsichtig: Es gibt haufenweise verborgene Kosten. (Zum Beispiel die vier Stunden, die der Grafikspezialist mit der Formatierung Ihres Berichts zubringt, es sei denn, Sie sind selbst ein Meister im Desktop-Publishing.)

5. Erwägen Sie eine grobe Gewinn- und Verlustrechnung. (Oder führen Sie – nach Anwaltsmanier – überschlägig Buch über »berechenbare Stunden«.)

11.

BESCHREIBEN SIE IN FARBIGEN, ÜBERZEUGENDEN WORTEN, WER SIE SIND.

Machen Sie es sich nicht zu einfach. Herauszufinden, »wer Sie sind«, ist eine Form von Psychotherapie!

Der Kern

Ich, Tom, »halte Reden/Seminare. Ich schreibe Bücher.« Nicht sehr hilfreich, nicht wahr? »Reden über Management«? Etwas besser. »Seminare für Manager über den Umgang mit Arbeitsplatzveränderungen zum Jahrhundertwechsel«? Hölzern ... aber wenigstens etwas präziser.

Und Sie: »Renommierter Experte mit mehr als 25 veröffentlichten Artikeln zu dem Thema, wie sich Gerichtsverfahren wegen sexueller Belästigung am Arbeitsplatz vermeiden lassen. Breite Erfahrung im Finanz- und Einzelhandelssektor.« Klar. Präzise. (Wenn auch etwas saftlos.)

Sie verstehen, was ich meine. Das heißt:

* WER SIND SIE?
* WAS IST IHR PRODUKT?
* WAS IST DARAN BESONDERS?
* WORIN UNTERSCHEIDET ES SICH VON ANDEREN VERGLEICHBAREN ANGEBOTEN?
* WIE KANN ICH SEINE VERLÄSSLICHKEIT DEMONSTRIEREN?

* WIE KANN ICH ZEIGEN, DASS ICH »IN«/AUF DER HÖHE DER ZEIT BIN?

* WIE WIRKE ICH »COOL«?

Dies sind vertraute Alltagsfragen für die Marketing-Experten bei Frito-Lay oder Gillette. Und unverständliches Kauderwelsch für den durchschnittlichen Trainer oder Systemspezialisten. Also dann, Frau Firma-SIE-in-spe, höchste Zeit, diese Sprache zu erlernen!

Nicht überraschend: Je härter Sie daran arbeiten, desto größer die Ausbeute. In der Welt der Marken geht es darum, die unzähligen Ausdrucksformen und Argumentationsebenen zu einem einzigartigen und lohnenden Angebot zusammenzufassen.

In unserem Fall besteht dies aus: (1) einem wachsenden Fundament an Fähigkeiten (alles, was Sie wissen); (2) einer beruflichen Erfolgsbilanz (überzeugend durchgeführte Projekte); (3) effektiver Mund-zu-Mund-Propaganda (Kundenecho, Seminare auf lokalen Handelsmessen, Ihre Webseite); (4) dem Outfit (Ihr Aussehen und Ihre Visitenkarte); (5) Rednergeschick (treten Sie Toastmasters bei ... heute); und (6) der schwer zu fassenden, aber um so wichtigeren Charakterfrage (schließlich »verkaufen« Sie hier Ihre Essenz!).

Ich versuche es kompliziert zu machen. (Nicht die übliche Taktik, Dinge zu erklären.) Denn es ist kompliziert.

Als ICH AG sind Sie ein Konglomerat aus greifbaren und weniger greifbaren Faktoren – genau wie Coca-Cola. (Ja, Coca-Cola ... mit einer Marktkapitalisierung von über 150 Milliarden US-Dollar. Verkauft Zuckerwasser. Und ein Gefühl. Und eine Pause, die erfrischt. Und Sicherheit. Und ... und ... – »unds« im Wert von mehr als 100 Milliarden US-Dollar!)

Also, ... beginnen Sie mit der Arbeit an diesem überzeugenden, coolen, unverwechselbaren Bild von Ihnen/Ihrem einzigartigen Verkaufsargument/Ihrer Essenz. Heute!

T.D.L./Wer g-e-n-a-u sind Sie?

1. Studieren Sie »Personen-Marken«. Martha Stewart. Oprah. Placido Domingo. Frank Gehry (der Architekt). Michael Jordan. Lee Iacocca. Wozu? Um mit dem Nachdenken über Menschen als unverwechselbare Produkte zu beginnen.

2. Überstürzen Sie nicht die Definition von Produkt und Marke. Fangen Sie mit Notizen an. Wörter, Wortgruppen, die zu Ihnen passen – zu Ihrer Person, Ihren Produkten, Ihren Fähigkeiten, Ihren Einstellungen, Ihrem Charakter.

3. Sobald Sie mit Ihrem Eigenkonzept zufrieden sind, erstellen Sie die Rohfassung einer formellen Marketingbroschüre. Die können Sie dann laufend verfeinern. Ohne Ende.

4. Arbeiten Sie allein. Arbeiten Sie mit anderen. Freunden Sie sich mit ein oder zwei Profis von einer lokalen Anzeigen- oder PR-Agentur an.

5. Beteiligen Sie sich freiwillig an einer kommunalen Spendensammelaktion. Lernen Sie, überzeugende »Verkaufsargumente« zu formulieren. (Meine Frau erwarb sich ihr Vermarktungsgeschick, als sie fünf Jahre lang eine Sammelaktion für den Bau einer großen Eisbahn und eines Kunstzentrums im Süden Vermonts leitete.)

12.

SIE BRAUCHEN EINEN JOBTITEL! (JA, ES IST WICHTIG.)

Nicht: Consulting Director, sondern ... Catalyst for Revolution. Nicht: CIO/***Chief Information Officer, sondern ... CEFRNS/Chief Evangelist For Really Neat Stuff***. (Etc.)

Der Kern

Ich habe fleißig auf Sie eingedroschen. Was Sie nicht alles tun müssen. Eine Marke wie Coca-Cola kreieren. Buchführen wie Arthur Andersen. Verkaufen wie Zig Ziglar.

Lassen wir also den Ernst einmal beiseite ... und widmen uns dem Vergnügen! Sie sind Herr/Frau Cool. Richtig? Revolutionär auf Abruf? WOW!-Projekt-Prinzessin?

Unglaublich motiviert?

Okay, setzen Sie »ihn«, ... Ihren wunderbar verrückten Spitznamen, ... auf Ihre Visitenkarte. Jetzt brauchen wir einen Titel. Wie wär's mit:

* *Kapriolenkönigin*
* *Revolutionär*
* *Untergrundkämpfer*
* *Veränderungschampion*
* *Genussfanatiker*
* *Passion Pilot*
* *WOW!-Frau*

* *WOW!-Zauberer*

* *Gnadenlos wütender Donnereidechsen-Evangelist*

* *Revolutionskatalysator*

* *Mätresse des Wahnsinns*

* *Produzent unmöglicher Träume*

* *Ruhestörer*

* *Reuloser Rebell*

* *Chef-Freak*

* *Mistbaumeister*

Mehrere dieser Titel – darunter gnadenlos wütender Donnereidechsen-Evangelist (Raging Inexorable Thunderlizard Evangelist- R.I.T.E.) – gibt es wirklich. (R.I.T.E. war Marketing-Guru Guy Kawasakis selbst verliehener Titel im ursprünglichen Apple-Macintosh-Computer-Entwicklungsteam.)

Mein (s-e-h-r) ernst gemeinter Rat: ICH AG – wie ich sie sehe – will die Welt verändern. Ein bisschen (oder ein bisschen mehr) Unruhe stiften. Dinge tun, die wirklich zählen. Also: Was spricht gegen einen starken (und vielleicht verrückten/überkandidelten) Jobtitel, der für Aufmerksamkeit sorgt?

T.D.L./Jobtitel

1. Das geht am besten bei einem Bier oder einem Chardonnay. Mit einigen Freunden. Starten Sie Ihre ICH-AG-Identitätssuche mit einigen Wortspielereien. Halten Sie sich an die üblichen Brainstorming-Regeln. Keine Negativbegriffe. Je unkonventioneller, desto besser. Gehen Sie aufs Ganze, nichts ist verboten, es gibt keine Tabus. (Sortieren Sie die Liste später aus.)

2. Lassen Sie sich Zeit. Es geht hier um Ihre Identität!

3. Beginnen Sie mithilfe von Zeitschriften wie *Fast Company* nach starken/coolen Jobtiteln zu »forschen«. (*Fast Company* hat in jeder Ausgabe ein paar witzige zu bieten.)

4. Dann ... springen Sie! Mit wenigstens ein paar Visitenkarten, die Sie alternativ je nach Tageslaune verwenden können.

5. He! ICH AG **ist** ein Abenteuer. Lassen Sie uns eine Fete/Gaudi daraus machen. (P.S.: Es ist so ernst, dass es schon wieder lustig ist.) (P.P.S.: Humor ist ein phänomenales und stark vernachlässigtes Businessinstrument.)

13.

SIE SIND, WAS SIE TUN!

Wir müssen der Wandel sein, den wir in der Welt sehen wollen. Gandhi

Der Kern

In einigen dieser Kapitel ging es (mehr oder weniger) um die Frage ... WER BIN ICH? Ich habe seit langem ein einfache Antwort darauf:

S-I-E S-I-N-D I-H-R T-E-R-M-I-N-K-A-L-E-N-D-E-R!

Liegt das »Geheimnis« des Erfolgs darin, das Qualitätskonzept von 1985 zu befolgen? Ein Deming-Seminar zu besuchen? Crosby zu studieren? Sicher, ... aber auch ... NEIN. Das (wahre) Geheimnis: Verwenden Sie 50 Prozent Ihrer allerwertvollsten Ressource – Ihrer Zeit! – auf die Qualität, die Sie durch sich selbst erreichen.

Nennen Sie es: Sie müssen der Wandel sein, den Sie in der Welt sehen wollen. Nennen Sie es ...

Aufmerksamkeit ist alles.

Oder halten Sie sich an den Texaner Bix Bender: »Man kann Anteilnahme heucheln, aber nicht Präsenz.«

Wenn die ICH AG von der Handschrift Ihrer WOW!-Projekte lebt, ... und das tut sie ..., dann müssen Sie irgendwie (lassen Sie sich von Zeitmanagement-Gurus beraten) jene 96(!) Prozent Ablenkung abstellen und alles aus Ihrem spezifischen WOW!-Projekt herausholen (komme Hölle und Sintflut). Wir alle kennen Leute, die ganz bestimmt … ein Geschäft gründen … ein Buch schreiben … Fallschirmspringen lernen … ein Haus bauen werden, sobald sie nur »genug Zeit haben«. **QUATSCH!** Wenn Sie WOLLEN, dann NEHMEN Sie sich die Zeit, … selbst wenn das heißt, zu Freunden, Ehefrau und Kindern »NEIN!« sagen zu müssen (he, ich habe nie gesagt, dass es ohne Opfer geht). Sei's drum!

(Solange ich an einem Buch arbeite – zum Beispiel jetzt – bin ich unbeschreiblich abweisend zu Freunden, Familie und Kollegen. Manche Korrespondenz beantworte ich erst nach einem Jahr. Und viel zu viele Spiele der Little League habe ich verpasst. Und Mom musste viel zu lang ohne Telefonanruf leben etc. Tatsache ist: Ich weiß nicht, wie ich es anders anstellen soll?! Und vielleicht geht es auch gar nicht anders?)

ZEIT!

Es klingt abgedroschen: Aber »sie« ist alles, was wir haben. Heute morgen machte ich eine Einkaufsrunde. Zwei der Geschäfte, die ich aufsuchte, waren nicht geöffnet, obwohl sie es laut ausgehängten Öffnungszeiten hätten sein sollen. Ich war wütend. (Viel wütender, als es dieses »kleine« Ärgernis verdiente.) Aber ich schreibe verdammt nochmal ein Buch! (Genauer: drei.) Z-E-I-T! Sie ist a-l-l-e-s, was ich habe. (ALLES: **VERSTEHEN SIE?**) ICH AG = *Zeitbewusstsein*. ICH AG = Zeitfetischismus. ICH AG = Zeitobsession.

S-I-E I-S-T A-L-L-E-S, W-A-S W-I-R H-A-B-E-N. (Ein verlorener Tag … eine verlorene Stunde! … ist eben … **VERLOREN**. Carpe diem, denn nutzen Sie ihn nicht, dann ist der Tag futsch … für immer.)

T.D.L./Aufmerksamkeit ist alles!

1. Entwickeln Sie – ab heute, verdammt – eine Obsession für Ihren Kalender/Tagesplan. **Studieren Sie ihn jeden Morgen mit mikroskopischer Genauigkeit. Ziehen Sie jeden Abend Bilanz.** Spiegelt er – **genau!** – Ihre ein, zwei oder drei (nicht mehr!) ICH-AG-Prioritäten wider?

2. Bilden Sie eine Kalender-Selbsthilfegruppe ... mit drei oder vier ICH-AG-Gleichgesinnten. (ICH MEINE ES ERNST.) Treffen Sie sich nach AA-Manier wöchentlich zur Kalenderrückschau. Halten Sie sich gegenseitig auf dem Laufenden!

3. Entrümpeln Sie Ihren Kalender. Täglich.

4. Verwandeln Sie alles, was sich nicht vermeiden lässt, in Gelegenheiten, die dem Prospekt, Manifest bzw. den Zielen Ihrer ICH AG gerecht werden. Schlüsselidee: Wie kann ich aus dieser ö-d-e-n Aufgabe etwas wirklich Cooles machen? Hinweis: Das ist immer möglich. (Siehe unser Buch *TOP50 – Projektmanagement*.)

14.

ICH AG SCHEUT BEI DER UMSETZUNG NICHT DIE WELT DER »REALPOLITIK«.

Bob Knowling, ehemals Manager bei USWest, hat für Change Agents einen genialen Rat:

* Wir alle haben unseren Wirkungskreis. Beginne mit Dingen in deiner Reichweite.
* Wer um Erlaubnis fragt, fordert ein »Nein« heraus.
* Das System ist dein Gegner. Nimm den Kampf auf.
* Du musst ein Modell/Konzept haben: »Wo ist mein Standort?«
* Politik ist Leben: Ein toter Change Agent nützt niemandem.
* Veränderungen sind weniger ein Sachproblem. Man muss vielmehr die Menschen aus ihrer Bequemlichkeit zerren.

Der Kern

Wir haben bisher über die verführerische Seite der ICH AG gesprochen: Was will ich sein? etc. Und wir haben gut daran getan.

Jetzt zur schweißtreibenden Seite. Oder vielmehr, jetzt zur …

U-M-S-E-T-Z-U-N-G.

Bedeutet: Politik! Politik wird für gewöhnlich definiert als »die Kunst, etwas zu bewirken« oder »die Kunst des

Möglichen«. Leben ist immer politisch. Es ist nahezu unmöglich, etwas Tolles zustande zu bringen, solange Sie es allein versuchen. Deshalb ist es äußerst vorteilhaft für Sie, wenn Sie die Kunst der Politik (im besten Sinn des Wortes, das heißt Kooperation und Kompromissbereitschaft zur Erreichung eines Ziels) beherrschen. Wenn Sie ein Faible für Politik haben – oder sich mit ihr arrangieren können –, ist die Wahrscheinlichkeit groß, dass aus Ihnen ein guter/ausgezeichneter Change Agent wird – und eine bemerkenswerte ICH AG. Wenn Politik definitiv nicht Ihre Sache ist, dann gute Nacht. (Das heißt: Vergessen Sie die Idee, etwas zu bewirken. Ehrlich. S-o-r-r-y.)

Aber kommen wir auf den Hauptpunkt zurück: Sie sind NIEMALS hilflos. (**Es sei denn**, Sie erklären sich selbst dazu.) Aus jeder Aufgabe – siehe Kapitel 15 sowie unser Buch *TOP50 – Projektmanagement* – kann eine lohnenswerte/coole Beschäftigung werden. Es ist alles eine Sache der Einstellung! Der Frühjahrsputz im Büro lässt sich in so etwas wie ein Baseball-Frühjahrstraining verwandeln: Der ideale Augenblick für Selbstbesinnung und Wiedergeburt. Das heißt: *Wie erreichen wir, dass A-u-s-s-e-h-e-n und A-t-m-o-s-p-h-ä-r-e des Büros unsere neue-ansteckend-coole-kämpferisch-revolutionäre gute Laune reflektieren?*

Oben zitierter Bob Knowling hat noch mehr Glanzstücke parat. Es klingt wie ein Kalauer: WER UM ERLAUBNIS FRAGT, FORDERT EIN »NEIN« HERAUS. Aber zufällig ist das so wahr wie das Evangelium. Und wird allzu häufig – vom 23-jährigen Karriereeinsteiger wie vom 53-jährigen gestandenen Manager – missachtet. (Jemals von einem echten Revolutionär gehört – von der Sorte, die in den Schulbüchern Ihrer Kinder erwähnt werden –, der »um Erlaubnis fragte«? Zum Beispiel G. Washington? M. L. King, Jr.? Kopernikus? Admiral Hyman Rickover, Vater der nuklearen Marine?)

Wir haben ein ganzes Buch zu diesem Thema vorgesehen: *TOP50 – Power + Implementation*. Einstweilen kann ich nur wiederholen: »POLITIK« IST ***K-E-I-N-E*** SCHMUTZIGE SACHE. POLITIK IST LEBEN! (Solange Sie beabsichtigen, richtig tolle Dinge zu bewirken.)

T.D.L./Umsetzung = Politik!

1. Sprechen Sie mit zwei oder drei verlässlichen Kollegen über »Politik«. SPRECHEN SIE MIT EINEM BEFREUNDETEN ABGEORDNETEN. Sprechen Sie über T-u-g-e-n-d. Und über die Realität der Umsetzung.

2. Treffen Sie sich informell mit drei oder vier ICH-AG-Aspiranten. Arbeiten Sie die obige Liste von Bob Knowling durch. **Diskutieren Sie jede seiner Ideen in Bezug auf Ihre derzeitigen Projekte**. Versuchen Sie, einen Aktionsplan aufzustellen, wie Sie wenigstens eine von Knowlings Ideen testen/umsetzen können.

3. Legen Sie sich eine Bibliothek zum Thema Macht+Umsetzung an. Laden Sie die effektivste Projektmanagerin Ihrer Abteilung dazu ein, Ihnen und Ihren Kollegen von ihren Erfahrungen und Tricks in puncto Umsetzung zu erzählen.

15.

MACHEN SIE AUS LAUSIGEN, KLEINEN JOBS HOFFNUNGSLOS COOLE PROJEKTE. (DAS IST – IMMER – MÖGLICH.)

Suchen Sie Unabhängigkeit. Schaffen Sie sich Ihren eigenen Zuständigkeitsbereich. Goldene Regel: Jede lausige Arbeit lässt sich in Gold verwandeln ... mit Vorstellungskraft. (Es muss nicht jeder wissen, aber Fakt ist: Sie brauchen kein »fantastisches«/»großes« Projekt.) (Glauben Sie mir, bitte: *Auf der Suche nach Spitzenleistungen* entwickelte sich aus einem Projekt, in das niemand Vertrauen setzen ... oder Startressourcen investieren wollte.) Es sind die »kleinen«, »ungeliebten« Jobs – zum Beispiel DIE PFLEGE UNSERER BEZIEHUNGEN ZU EINIGEN UNBEDEUTENDEN HÄNDLERN, DIE EIGENTLICH SCHON AUF VERLORENEM POSTEN STEHEN – die uns buchstäblich die Pandorabüchse profitabler WOW!-Projekte öffnen können.

Der Kern

Also wie machen Sie, ... 26-jährig und noch am Anfang der Karriereleiter, ... ein Projekt, irgendein verdammtes Projekt, zu etwas C-o-o-l-e-m?

Nun: Sie tun es. Sie können es. Und Sie wollen. (Und wo wir schon von Willen sprechen: Das ist die wichtigste Zutat überhaupt.)

Sie übernehmen ein kleines Projekt in der Kirche und beschäftigen sich mit Vorschulkindern. Vier Jahre später lassen Sie sich im Weißen Haus feiern für Ihr einfallsreiches Vorschulprogramm, das der mächtigste Mann der Welt (US-Präsident) landesweit einführen will.

Solche Dinge geschehen wirklich.

Und die alleroriginellsten Ideen haben stets einen unverhofften/kleinen/winzigen Ursprung. (Ja, stets!) Zum Beispiel: Zettelchen, die zu singende Choräle kennzeichneten, fielen aus einem Gesangbuch. Nicht mehr als ein (kleiner) Juckreiz. Voilà (rund 15 Jahre später): eine Post-it Produktreihe für 3M mit Milliardenumsatz.

Eine »kleine« Kundin meldet sich bei Ihrer Trainingsfirma. Sie wünscht sich für ihre vier Servicevertreter ein eintägiges Training. (Sie sind Frau Steht-am-Anfang-ihrer-Laufbahn … und übernehmen die Aufgabe. He, wer sonst; es ist »nur« eine unbedeutende Kundin.) Aber Sie führen eine g-r-o-ß-a-r-t-i-g-e Unterhaltung mit ihr. Sie will wirklich den Mond abschießen. Sie investieren, was Sie (offiziell) nicht »sollten«, einen Tag nach dem anderen in die Vorbereitung des Projekts. Sie entwerfen einen wirklich originellen Workshop. Zwei Jahre später machen dieser Workshop und seine Ableger 35 Prozent des Geschäfts Ihrer Firma aus. Sie sind mit 28 Jahren Vize-Chefin.

Es ist alles eine Sache der E-i-n-s-t-e-l-l-u-n-g. Mistjob oder Gelegenheit Nr. 1? (Niemand schaut zu … eben, weil es ein »Mistjob« ist.)

Sorry. Sie lesen ein Buch des falschen Autors. Für mich gibt es Macht-losig-keit nicht**!** Roseanne sagt: Niemand gibt dir Macht. Du musst sie dir nehmen. Und ich füge hinzu: Mit 26. Oder 66. Oder 16 bis 86.

T.D.L./Melden Sie sich freiwillig für unliebsame Jobs

1. Wenn das nächste Mal ein »blöder kleiner« Job zu tun ist, … nehmen Sie ihn an. Mit Freuden. Definieren Sie ihn neu.

Machen Sie ihn zu etwas IRRE COOLEM. Oder vielmehr warten Sie nicht, bis Ihnen eine unliebsame Aufgabe in den Schoß fällt. Suchen Sie sich eine! Heute!

2. Siehe T.D.L.-Punkt 1. Wiederholen Sie. Regelmäßig.

3. Finden Sie ein paar Mitverschwörer/ICH-AG-Aspiranten. Versuchen Sie gemeinsam ein »kleines« Projekt so umzudefinieren, dass es eine »große« Botschaft transportiert. Arbeiten Sie akribisch daran. Erstellen Sie eine Mappe mit Beispielen, wie aus Schmuddel- Starprojekte werden.

4. Kleiner Job = **R-I-E-S-I-G-E** Gelegenheit. Sprechen Sie darüber mit Ihresgleichen, ... mit einem geschätzten älteren Trainer. Betrachten Sie »klein« niemals als »gegeben«.

15a.

NUTZEN SIE, WAS SIE HABEN! MACHEN SIE DARAUS EIN MEISTERWERK!

John Wooden, der legendäre Basketballtrainer:

»Wir lassen uns ablenken von Dingen, über die wir keine Kontrolle haben. ... [Erfolg] beginnt damit, dass jeder Tag zählt. ... Wenn du ernsthaft versuchst, aus jedem Tag ein Meisterwerk zu machen, dann können auch Engel darin kaum besser sein.«

Ich nannte es einmal die »Ein-Minuten-Spitzenleistung«. Ich stahl die Idee dem legendären IBM-Chef Tom

Watson, nicht Ken Blanchard. Auf die Frage, wie man Spitzenleistung erreicht, antwortete Mr. Watson, und ich paraphrasiere etwas: »Unterlasse alles, was nicht spitze ist.« Meine Version: Unterlassen Sie alles, was nicht spitze ist. Es ist Zeit für die ICH AG. Sie – und Sie allein! – sind voll und ganz verantwortlich dafür, inwieweit die heutigen Aktivitäten Ihren Werdegang bereichern – oder beeinträchtigen.

Der Kern

Ich möchte eigentlich nicht so klingen wie ein »Landmarker« (Werner Erhard oder Tony Robbins). Aber ich stimme wirklich mit Mr. Watson von IBM überein (der sich allerdings wie Erhard und Robbins anhört): ***SPITZENLEISTUNG ERREICHEN SIE, WENN SIE – AB SOFORT! – ALLES BLEIBEN LASSEN, WAS NICHT SPITZE IST.***

So einfach ist das. Und so schwierig. **Die Spreu vom Weizen zu trennen, ist der erste Schritt in Richtung Spitzenleistung + ICH AG.**

Fragen Sie nicht …

kann ich es tun? (Tipp: Ja, Sie können es!),

sondern … **werde ich es tun?**

Beginnen Sie mit … Ihrer nächsten Projektteambesprechung? (In 20 Minuten.)

Beginnen Sie mit … der heutigen Tagesordnung.

Auch hier: Die ganze verdammte Idee dieses Buches – dieser Buchreihe – beruht auf dem Ziel, uns unser Leben von »denen«, dem gesichtslosen-geistlosen-hierarchischen Unternehmensungetüm zurückzuholen. Verantwortung übernehmen für das WOW! in unseren Projekten und unserem Berufsleben, laut »Nein« sagen zur Dilbertisierung der Arbeit.

* * *

Ein Kollege war unter furchtbarem Termindruck. Als er aus dem Büro eilte, rannte er an mir vorbei, während die Tinte auf seinem Projektkonzept noch feucht war.

Es war etwas fies von mir, ich weiß. Aber ich tat es. Ich sagte: »He, ist es [das Konzept] WOW!?« [ICH HABE MIR ANGEWÖHNT, DIESE FRAGE AUTOMATISCH ZU STELLEN.]

»Lass uns darüber reden, wenn ich zurück bin«, sagte er.

»Nein, wir reden jetzt«, sagte ich.

»Wie?« – »Sofort.«

Schließlich bremste er sein Tempo. [Ich bin so etwas wie sein Boss, aber ich bin auch wieder nicht wirklich sein disziplinarischer Vorgesetzter.]

»Warum nicht die Besprechung verschieben«, fragte ich, »bis du das WOW! ganz oder zumindest annähernd gefunden hast?«

Jetzt blieb er stehen. Und wir hatten ein Fünf-Minuten-Gespräch. (Okay, drei.) Er verschob die Besprechung nicht. (Ich sagte ja, ich hatte nicht wirklich das Sagen.) Aber er war bereit, das Konzept eher als »Entwurf« denn als »Endfassung« zu betrachten und es mit dem Kunden noch einmal neu zu überdenken. Er wollte mit dem Kunden vereinbaren, dass keiner von beiden weitermachen sollte, bis sie sich nicht über die Eindeutigkeit eines »WOW!-Resultats« einig wären.

Das Leben spielt sich immer »unter Termindruck« ab. Deshalb: WOW! – jetzt! Oder ... vermutlich ... nie.

Okay?

T.D.L./WOW! – Sofort.

1. Gehen Sie die Tagesordnung von heute durch. Jetzt. Ist was darunter, das nicht WOW! ist? Wenn ja, können Sie (1) daraus WOW! machen, (2) es verschieben oder (3) es ganz bleiben lassen! **(Im Ernst.)**

2. SIE (zukünftige ICH AG, die Sie sind! – richtig?), lernen Sie, sich selbst/andere zu fragen: »Ist es WOW!? Wenn nicht, ... lassen Sie es bleiben.«

Das Motto von jetzt an:

»100 Prozent Arbeit, mit der Sie sich ›hervortun‹ können!«

Okay? (Wenn nicht, erklären Sie, warum nicht ... sich selbst und Ihrem Ehepartner/Schatz ... und Ihrem engsten Freund ... und Ihrer Mom.)

* * *

WEG MIT DER SPREU!

JETZT!

16.

HELFEN SIE SICH SELBST. VERSCHAFFEN SIE SICH, WAS SIE BRAUCHEN!

Viele Firmen, die wir am meisten bewundern, von UPS bis Marriott, haben quasi mit Nichts angefangen. Buchstäblich mit gerade mal ein paar Tausendern.

Sie brauchen (als Firma oder Individuum) kein dickes Konto, um einen Anfang zu machen. Stattdessen brauchen Sie Leidenschaft, Entschlossenheit, ein paar Freunde ... und ein **unbezähmbares Verlangen**, den nächsten, in der Regel winzig kleinen Schritt zu tun.

Der Kern

Das eigentliche Thema der Kapitel 14 bis 16 lautet:

KEINE AUSREDE!

* Sie *haben* einen »Wirkungskreis«.
* Sie brauchen *keine* »Erlaubnis«.
* Sie brauchen *keine* »Macht«.
* Sie brauchen *keine* »große« Aufgabe.
* Sie brauchen *kein* »Geld«.

Geld tötet Kreativität. (Kann es zumindest.) Mit dem großen Geld sind Sie allzu bald an den Geldgeber gebunden, was Sie daran hindern kann, die wirklich atemberaubenden Sprünge zu machen. Und die Geschichte bevorzugte immer schon die kleinen Anfänge. Viele coole Dinge – Produkte und Firmen und Revolutionen – wurden in Kellern und Garagen geboren, (quasi) mit Pfennigen. Sony,

UPS, Marriott, HP, Apple, Pizza Hut, Microsoft, FedEx etc.

(Stellen Sie sich Gandhis Budget vor. Er schuf lediglich die größte Demokratie auf Erden.)

Wenn Sie keine $$$$ haben, sind Sie gezwungen, Freunde zu finden. Ein befreundeter Experte, der Ihnen etwas Zeit schenkt. (Die Ressource, die wirklich zählt!) Eine verrückte Kundin, bei der Sie Ihr Produkt testen dürfen. Not ist der Ursprung der Erfindung, und sie ist auch der Ursprung eines coolen Netzwerks freiwilliger Mitabenteurer/-revolutionäre. Netzwerk schlägt $$$$. Jederzeit. (Meistens.) Geld führt zu Arroganz, Verschwendung, Selbstzufriedenheit. Es ist der Feind von Findigkeit, Mumm, Elan. Hunger (jeder Art) motiviert kolossal.

T.D.L./Helfen Sie sich selbst!

1. **Selbsthilfe = Netzwerkmentalität.** Also ... beginnen Sie Kontakte zu sammeln/zu netzwerkeln. Planen Sie in den nächsten zehn Arbeitstagen **3** Frühstücke und **4** Mittagessen (ja, ich bin präzis/quantitativ) mit möglichen Mitstreitern/Unterstützern Ihres im Aufbau befindlichen WOW!-Projekts.

2. Verfahren Sie mit Ihrem Projekt wie mit einer karitativen Spendensammelaktion. Das heißt: Rekrutieren Sie Freiwillige.

17.

ICH AG = QUALITÄT IHRER PROJEKTE. KONZENTRIEREN SIE SICH AUF IHR PROJEKTPORTFOLIO!

Fangen Sie heute an: Denken Sie immer – und ständig! – an Ihr Projektportfolio.

ENTSCHEIDEND FÜR DIE ICH AG SIND EXZELLENTE, KUNDENORIENTIERTE WOW!-PROJEKTE. »Sie« sind die Währung der ICH AG. »Sie« sind Ihr (einziges?) Ticket zu Befreiung (ob Sie bis auf weiteres auf einer Gehaltsliste stehen oder nicht) und zu psychologischer/realer Unabhängigkeit.

Der Kern

(1) Vergessen Sie »Aufträge«. **(2)** Denken Sie in Projektdimensionen. **(3)** Konzentrieren Sie sich auf Ihr … **PROJEKTPORTFOLIO**.

Ich will hier lediglich die Lautstärke etwas aufdrehen. Zur Erinnerung:

ICH BIN MEINE PROJEKTE.

(J-a: Ich muss es wiederholen. Zu viele haben es anscheinend … noch immer … nicht begriffen.)

Die größere Idee (an dieser Stelle):

ICH AG = Projektportfolio, dessen Pep. Punkt. (P-U-N-K-T.)

Und, weils so schön ist, noch einmal:

ICH-BIN-MEIN-PROJEKTPORTFOLIO. UND DESSEN PEP-ATTRAKTIVITÄT-KÜHNHEIT. (Oder auch n-i-c-h-t.)

Projekt. Portfolio. **Währung.** Handschrift. Was ich bin.

Ich hatte gute Projekte. Ein **t-o-l-l-e-s** Projekt. (Es führte zu *Auf der Suche nach Spitzenleistungen*.) Mittelmäßige Projekte. Und Katastrophen.

Halb so schlimm. Projekt ist Projekt! Gehören alle zum Portfolio! Die Brücken – ungefähr vier –, die ich in Vietnam von 1966 bis 1968 baute. Und die Geschützstellung, die ich in Vietnam baute und die dann in einer Ingenieurzeitschrift beschrieben wurde. Und das Pentagonprojekt, das zur Marinebasis auf Diego Garcia im Indischen Ozean führte. Und das Opiumvernichtungsprogramm in Mexiko, das ich im Rahmen einer Aktion des Weißen Hauses und des State Department 1973 bis 74 leitete etc. etc.

Projekt. Projekt. Projekt.

Projekte. Projekte. Projekte.

Ich trage sie mit mir herum. Bildlich gesprochen. Und buchstäblich.

43 Stunden bevor ich dies hier niederschrieb, hielt ich eine Rede. Auf der Midwest Beauty Show. (Meine Schönheit hält sich sicherlich in Grenzen!) Circa 500 Menschen, in der Mehrzahl Friseursalonbesitzer/-innen. Coole Leute. Nehmen ihr Leben in die eigenen Hände! Tun für ihre Kunden Unschätzbares!

Die Rede war ein ... P-r-o-j-e-k-t. Bin jetzt 56. Tat, was ich seit circa 30 Jahren tue. Wandte alle Energie, Intelligenz und Gefühle für diese Zweistundenrede auf.

Sie ist ... »ein weiteres« ... Projekt. Jawohl. Und trägt meine GANZ PERSÖNLICHE Handschrift ... als Mensch ... an diesem Tag (27. Februar 1999). Das ist es, was ich fühle, wenn ich das Podest betrete ... zum Beispiel auf der Midwest Beauty Show: Mein ganzes verdammtes Leben wird mit den nächsten 120 Minuten stehen ... oder fallen! 120 Minuten. 7200 Sekunden. Um 500 Leben zu v-e-r-ä-n-d-e-r-n. **Oder nicht.**

Uff!

(Verdammt.)

Projekte! Ich liebe sie ... und sie treiben mir den Angstschweiß ins Gesicht. (Wenn sie mir keine Angst mehr machten, würde ich's wirklich mit der Angst kriegen.)

T.D.L./(Projekt-)Portfolioqualität!

1. ICH AG = Ihr **Projektportfolio**. Also: Machen Sie als erstes eine Liste Ihrer letzten Projekte. (Aus den letzten zwei Jahren?) Bewerten Sie jedes Projekt und die ganze Liste nach verschiedenen Dimensionen (Merkmalen eines idealen Portfolios): Gewagtheit, Wirkung, Attraktivität (ja!), Effektivität der Umsetzung, Begeisterung der Kunden etc. Stellt das Portfolio insgesamt etwas Ungewöhnliches/Besonderes dar? Wo sind die Schwachstellen? (Zum Beispiel zu wenig gewagte Aktionen, zu viele Mängel bei der Umsetzung.) Wenn das Portfolio nicht das ist, was es für Sie als zukünftige ICH AG sein sollte, was können Sie – etwa im Hinblick auf Ihr derzeitiges Projekt – tun, um die Lücken mit der Zeit zu schließen? Wie können Sie das nächste Projekt so drehen, dass es in eine wünschenswertere Richtung weist?

2. Ihr Bosse, arbeitet mit euren Leuten explizit an der Form ihrer Portfolios. Verwendet den Ausdruck! (Portfolio.) Stellt bei der Aufgabenverteilung sicher, dass jedes Mitglied des Teams die Möglichkeit hat, sein Projektportfolio zu verbessern – und beispielsweise die eine oder andere Lücke zu schließen. Macht die Bewertung des Projektportfolios zum zentralen Instrument des jährlichen Beurteilungsverfahrens.

17a.

BRINGEN SIE WOW! IN JEDES IHRER PROJEKTE. GEWINNEN SIE MIT WOW!

Also … **treiben Sie die WOW!-Bilanz jedes Ihrer Projekte in die Höhe**. Probieren Sie folgendes Vorgehen:

1. ***Machen Sie eine Liste*** Ihrer derzeitigen Projekte.

2. ***Beschreiben*** Sie die Merkmale eines WOW!-Resultats für alle Beteiligten (sich selbst, den Kunden).

3. ***Erstellen*** Sie eine Prioritätenliste der Projekte nach **(1)** Ihrer Begeisterung für jedes von ihnen, **(2)** der WOW!-Qualität des Ergebnisses.

4. ***Wählen*** Sie ein Projekt mit hohem WOW!-Potenzial, an dem Ihnen viel liegt.

5. Skizzieren Sie – auf maximal einer Seite – eine ***revidierte Projektbeschreibung*** mit Schwerpunkt WOW!-Qualität; zeigen Sie sie einem Kunden, ein paar engen Freunden.

6. Reduzieren Sie die einseitige Projektdarstellung auf fünf Stichworte (***»Projekt-Verkaufsargumente«***), die auf eine Karteikarte passen.

7. ***Schreiten Sie zur Durchführung*** … und lassen Sie die WOW!-Qualität niemals in den Hintergrund geraten.

Einfache Botschaft: *Sie werden keine WOW!-Projekte und keine WOW!-Projektportfolios schaffen, solange Sie nicht gewillt sind, – explizit – über WOW! zu reden.*

Der Kern

1. ICH *BIN* MEINE PROJEKTE.

2. ICH *BIN* MEIN PROJEKTPORTFOLIO, … OB ICH 16 ODER 76 JAHRE ALT BIN.

3. ***ICH BESTIMME DIE »WOW!-BILANZ« JEDES – EINZELNEN – PROJEKTS IN MEINEM PORTFOLIO.***

4. P-U-N-K-T.

Wenn das Projekt/Portfolio nicht cool ist …

sind Sie nicht cool. Punkt. Wenn das Projektportfolio keine Wucht ist …

sind Sie keine Wucht. Punkt.

T.D.L./WOW!-Bilanz

1. Messen Sie ohne Ende.

Das heißt: **Messen Sie das »WOW!«** in Ihren gegenwärtigen und zukünftigen Projekten. Wie? Fragen Sie sich selbst. Fragen Sie Ihre Teamkollegen. Fragen Sie Außenstehende. Bitten Sie sie, den aktuellen Stand der

Projekte auf einer Punkte-Skala von 1 (= das altbekannte Immergleiche) bis 10 (= es verschlägt mir mit seiner Kühnheit den Atem) zu bewerten. Sie können das. (Wir haben in unseren Trainingsprogrammen unzählige Male darum gebeten: Jedes Mal entwickelt sich daraufhin eine abwechslungsreiche Diskussion darüber, »was WOW! ist« und »welcher Unterschied zwischen einer Bewertung mit 4 oder mit 6 Punkten besteht«. Diese Diskussionen sind exemplarisch!)

2. Formulieren Sie **das Projekt** neu, bis Sie seine WOW!-Bilanz in die HÖHE treiben. Auch hier: Arbeiten Sie mit den verschiedenen Interessenvertretern zusammen.

3. Eiserne Regel: Führen Sie »das Wort« WOW! im Mund. Ständig. Lassen Sie es zu Ihrer zweiten Natur werden.

18.

SETZEN SIE SCHWERPUNKTE!

Es ist einfach zu entscheiden, was du tun willst. Schwierig ist die Entscheidung, was du nicht tun willst. Michael Dell

Der Kern

Klarer Schwerpunkt.

Z-W-A-N-G-H-A-F-T-E Beschränkung.

Starke Worte. Berechtigt. ICH-AG-Sünde Nr. 1: Verschwendung von Energie!

Nike macht viele Dinge ... jetzt. Zuerst nur Schuhe. Punkt. Levi's macht viele Dinge ... jetzt. Zuerst nur genietete Jeans. Punkt. Michael Jordan hatte etwas Probleme mit Baseball. Ich tanze nicht besonders gut Tango. Etc.

Will heißen: ICH AG = Besonderheit = Umsetzung = zwanghafte Beschränkung.

Worauf Sie entgegnen: »Aber ich habe ein Dutzend verschiedener Dinge auf meinem Plan.« Ja, ... a-b-e-r: Erstens wette ich, dass Sie einen Weg finden, drei Viertel davon zu streichen. (Üben Sie sich in strategischer Unhöflichkeit. Besser unhöflich ... und konzentriert ... als höflich und diffus/ohne Profil.) Zweitens: Drehen und wenden Sie jeden der zwei oder drei verbleibenden Punkte so lange, bis er mit der Quintessenz Ihres ICH-AG-Profils in Einklang steht.

Dann ... konzentrieren Sie sich auf Ihre Spezialität ... sortieren Sie noch weiter aus. Die magische Zahl

lautet* 1. *All dies ist brutal harte Arbeit. Aber es lohnt sich. Denn: Ohne Fokus kein lohnendes Ergebnis. Aber es ist auch aufregend ... und lustig ... mitreißend ... ein Hochgefühl, wirklich alle Ihre persönlichen Kräfte zu mobilisieren, alles, was Sie haben, auf ...* ein *Projekt zu konzentrieren. Das heißt: Plötzlich sehen Sie auf, und drei (fünf? acht?) Stunden – oder Tage! – sind verflogen, ... und während dieser Zeit haben Sie einen entscheidenden Schritt in Richtung Ihrer unverwechselbaren ICH AG gemacht.

Deshalb:

1. Besuchen Sie ein gutes Training zum Thema Zeitmanagement.

2. Lassen Sie sich vierteljährlich von einem Zeitmanagementexperten beraten.

3. Machen Sie eine Liste mit allem, was Sie in der letzten Woche getan haben. Bestimmen Sie die Prioritäten aller Einträge hinsichtlich Ihrer ICH-AG-Spezialkompetenz. Streichen Sie 25 bis 75(!) Prozent der Einträge. Disponieren Sie den Kalender für diese Woche entsprechend um.

4. Bilden Sie eine Selbsthilfegruppe zur Entrümpelung Ihrer Kalender. Helfen Sie sich gegenseitig bei der Beschränkung auf das Wesentliche. Machen Sie sich gemeinsam einen Spaß daraus.

5. Antworten Sie nicht auf unwichtige E-Mails.

6. Verringern Sie Ihre Teilnahme an Meetings um ein Drittel.

7. Arbeiten Sie einen Tag in der Woche zu Hause. (Oder in einem nahegelegenen Park oder bei Starbucks.)

8. Lernen Sie »Nein« zu sagen. DAS FÄLLT VIELEN VON UNS SCHWER. (Zum Beispiel MIR!) Weil es so schwer ist, müssen wir es bewusst üben. (Stellen Sie sich beispielsweise vor einen Spiegel und wiederholen Sie 25-mal **»Nein«**. Ich tue das gelegentlich wirklich.)

9. Weihen Sie, wenn möglich, Ihre Chefin ein. Plaudern Sie mit ihr über Ihre Marke-ICH-Intentionen (gute Nachrichten für sie, denn Sie beabsichtigen, auf dem einen oder anderen wichtigen Gebiet Hervorragendes zu leisten.) Sprechen Sie – offen und unbeschwert – über Ihre Pläne hinsichtlich zukünftiger strategischer Unhöflichkeit; machen Sie aus ihr eine Verbündete.

10. Orientieren Sie sich am Modell der Anonymen Alkoholiker: Ein Tag und noch ein Tag. Ob Sie zu trinken, zu rauchen oder was immer aufhören oder sich in zwanghafter Beschränkung üben: Dies ist ein Kampf, der Stunde um Stunde geführt werden muss.

T.D.L./ Erreichen der Zahl 1

1. Gehen Sie die oben genannten Punkte durch. MACHEN SIE SICH AN DIE ARBEIT.

2. Haben Sie sich entschieden: Was ist Ihre **eine Spezialität**, durch die Sie sich auszeichnen wollen? (Ganz besonders.) Beschreiben Sie sie … sorgfältig. Halten Sie das schriftlich fest. Hängen Sie es sich über den Schreibtisch. Machen Sie es zu Ihrem Bildschirmschoner. Tragen Sie es auf einem Zettelchen in Ihrer Brieftasche mit sich herum. Erklären Sie es – in 25 oder weniger Wörtern – jedem, dem Sie über den Weg laufen (dazu gehört auch die Kassiererin im Supermarkt).

3. Angenommen, Sie haben wenigstens ansatzweise eine Antwort auf Punkt 2, schwören Sie mir (oder besser noch sich selbst), dass Sie 75 Prozent Ihrer (wertvollen) Zeit – **irgendwie** – auf diesen Schwerpunkt und Ihre wirkliche Besonderheit konzentrieren werden.

4. Erwägen Sie einen Kurs in Meditation … Yoga … Malerei … irgendetwas, das Ihre Konzentration fördert, … das Ihren Geist von all den Ablenkungen befreit, … das Ihnen hilft, jenen begnadeten Zustand zu erreichen, der es Ihnen möglich macht, alle Ihre Energien wirklich auf die für Sie spezifischen Projekte zu konzentrieren.

* * *

ABLENKUNG MACHT WOW!-QUALITÄT UNERREICHBAR.

19.

SIE SIND IHRE KUNDEN I: ICH AG DEFINIERT SICH DURCH IHRE KUNDEN. WER SIE SIND. WER SIE NICHT SIND.

Will heißen: Das Projekt kann nur so gut (WOW!) sein wie Ihre Fähigkeit, gewagte Abenteuer gemeinsam **mit** Ihren Kunden zu unternehmen. Also wählen Sie Kunden mit der größten Sorgfalt aus und verzichten Sie gegebenenfalls auch auf sie. Sie haben die Macht zu wählen … und zurückzuweisen. Leben als ICH AG = Selektion. (Sonst … sind Sie nicht auf dem Weg zu wirklicher Besonderheit.)

Der Kern

ICH AG = kundenorientiertes Leben.

Sie (ICH AG) = Ihr Kundenportfolio.

Okay, ich habe es bereits (mehrfach!) gesagt:

ICH BIN MEINE PROJEKTE.

Jetzt füge ich die zweite Hälfte der Botschaft hinzu:

ICH BIN MEINE KUNDEN!

Das heißt … beruflich gesehen **definiere** ich mich durch diejenigen, denen ich diene.

Okay?

Es ist ziemlich einfach, dies aufzuschreiben. Es ist nahezu unmöglich, die tiefere Bedeutung klar zu machen. Fragen Sie mich, was ich »tue«, und vermutlich erzähle ich Ihnen etwas von »Vorträgen über Management«. Im nächsten Atemzug werde ich sagen, dass ich ... in den letzten sechs Monaten ... für IBM, Sun, PeopleSoft, Allstate ... und die unabhängigen Salonbetreiber auf der Midwest Beauty Show gesprochen habe. Das heißt, ich definiere mich beruflich durch diejenigen, mit denen ich Geschäfte mache.

Das ist völlig einleuchtend, wenn wir zum Beispiel darüber sprechen, mit wem Ihr 14-jähriger Sohn seine Freizeit verbringt. Und es sollte in Bezug auf Ihre Kundenliste genauso offensichtlich sein.

Ich könnte ... immer weiter fortfahren. (Und das tue ich in unserem Buch *TOP50 – Servicemanagement*.) Ich bin, mit wem ich verkehre. Und mit wem ich nicht verkehre. (Und ich bin absolut überzeugt, dass der Versuch, Größe durch die Akquisition flauer Kunden zu erreichen, ein Verlustgeschäft allererster Güte ist.)

T.D.L./Sie = Ihre Kunden

1. **KUNDE/KUNDIN**. Schreiben Sie dieses Wort immer in Großbuchstaben. **Punkt.**

2. Es ist legitim – wenn nicht gar löblich – auf die Parties zu gehen, die gerade »in« sind. (Das ist die hohe Kunst in Washington, D.C.) Nun, ... bei der Kundenauswahl handelt es sich um dasselbe Spiel. Unsere Bekanntheit richtet sich nach unserem Kundenportfolio. Sehen Sie es ein. Und: Verhalten Sie sich entsprechend.

3. WIR BEDIENEN KUNDEN. DAS IST, WAS WIR TUN. DAS IST, WAS **ICH** – ALS ICH AG – TUE. PUNKT. (Hängen Sie sich diese Worte über den Schreibtisch oder sonst wohin.)

4. Machen Sie also etwas aus Ihrer Kundenliste. Bestimmen Sie allein – oder mit ein paar Gesinnungsgenossen – die Stärken und Schwächen Ihrer Kunden: (1) Was kann ich von ihnen lernen? (2) Sind sie vertrauenswürdig? (3) Werden sie »Kooperationspartner« in interessanten Projekten sein? Sehen sie mich als Lernpartner? (4) Sind sie innovativ? Risikofreudig? (5) Werden sie mich zwingen, mein Bestes zu geben, mich herausfordern und sich niemals mit weniger als mit WOW! zufrieden geben?

5. Benutzen Sie Ihre Bewertungen (siehe Punkt 4) als Basis für einen systematischen Plan, wie Sie zu allen Kunden einen engen Kontakt herstellen/aufrechterhalten können. Formalisieren Sie dieses Verfahren. Setzen Sie sich nicht weniger als **100 Prozent** WOW! zum Ziel.

20.

SIE SIND IHRE KUNDEN II: HÖREN SIE IHNEN ZU! BAUEN SIE EINE BEZIEHUNG ZU IHNEN AUF!

Seien Sie ein Feedback-Nimmersatt.

Werden Sie ein Fanatiker in Sachen Kundenzufriedenheit.

Machen Sie Benutzerfreundlichkeit zur wesentlichen Grundlage jedes Ihrer Projekte. (Bewusst. JEDEN TAG.)

Der Kern

Bedauerlicherweise ist der durchschnittliche »Mitarbeiter« **kein** »Kundenfeedback-Fanatiker«. Und das ist ... leider ... oft noch eine Untertreibung.

Klar (G-R-O-S-S-E I-D-E-E): Sie müssen Ihre Kunden ins gelobte Land führen. Aber Sie müssen auch **Frau (Herr) Einfühlsam sein.**

Können Sie gleichzeitig »führen« und »einfühlend sein«? Auf Weltklasseniveau? Und ob! Ich zum Beispiel brüste mich ... gleichermaßen! ... mit beidem. (Und achte ... gleichermaßen! ... auf beides.) Ich will eine Wirkung erzielen. (Führen.) Aber will es auf absolut einfühlsame Weise tun. (Zuhören.)

Wenn Ihnen die Menschen egal sind, wenn Sie nicht helfen wollen – unter allen Umständen –, dann sollten Sie nicht in »unser« ICH-AG-Geschäft einsteigen. **Wir – Sie und ich – haben einen Helferberuf** ... genauso wie eine OP-Schwester.

Ich finde, ich bin ziemlich gut in dem, was ich tue. Aber das zählt nicht – kein bisschen! – solange keine emotionale Beziehung besteht.

B-E-Z-I-E-H-U-N-G A-U-F-B-A-U-E-N

(He, ich verdiene mein Geld damit, dass ich Leute aufscheuche. I-C-H F-O-R-D-E-R-E S-I-E A-U-F-S Ä-U-S-S-E-R-S-T-E H-E-R-A-U-S. Auch Sie, hoffe ich. Aber sie lassen mich nur gewähren, weil ich mich für sie interessiere. Wenn Sie sich nicht für andere interessieren ... **auf überzeugende, persönliche Weise,** dann sind Sie meine Zeit nicht wert. Wirklich. Und sorry.)

ICH AG = Interesse

ICH AG = Hilfsbereitschaft

ICH AG = Empathie

ICH AG = Zuhören

T.D.L./Empathie!

1. Dieser Punkt ist nicht einfach. Genauso schwierig wie alle anderen auf der Liste der *TOP50*. Wenn der Kunde ein »Idiot« ist und Sie ein »geplagtes Genie«, dann sind Sie verloren. (Das habe ich hundertfach beobachtet. Und noch öfter. Botschaft: Besserwisser landen auf den letzten Plätzen. Besserwisserei verdirbt die ICH AG.)

In unserem Geschäft (professionelle Dienstleistungen) geht es um Einfühlungsvermögen/Unterstützung/Zuhören. Gewiss, wir haben einzigartige Fähigkeiten. (Oder wir sollten unsere Tätigkeit gleich sein lassen.) Aber wir bewirken nur in dem Maß etwas, wie wir als einfühlsame/helfende Profis/Menschen ... **Beziehungen herstel-**

len können. Denken Sie darüber nach. Sprechen Sie darüber mit zwei oder drei befreundeten Kollegen. Hierin liegt – ohne Quatsch! – die Essenz der ICH AG. (Echte Marken bauen eine Beziehung auf. Richtig? Auf einer emotionalen Ebene. Richtig? Emotionale Nähe ist das Herz und die Seele jeder Marke – wie immer sie auch heißen mag. Richtig?)

2. Veranstalten Sie ein »Sit-down« mit jedem Ihrer Kunden. Quasi eine psychotherapeutische Sitzung:

Baue ich – wirklich?! – eine Beziehung auf?

Ich will Sie führen, provozieren (im besten Sinn), aber ich will ebenso Ihr vollwertiger emotionaler Partner in dem dramatischen Veränderungsprozess sein, den diese verrückten Zeiten fordern.

3. Entwickeln Sie aus den »Sit-downs« eine sorgfältig gepflegte Form der Zusammenarbeit mit jedem Kunden – offiziell und regelmäßig –, damit Sie stets wissen, »wie der Hase läuft«. (Dies geschieht nicht von allein!)

4. Erwägen Sie ein formelles Training zum Thema »Aktives Zuhören«. (Oder sogar ein Kursprogramm in klinischer Psychologie.)

5. Denken Sie über das Thema Vertrauen nach. (Wir vertrauen den Marken, die wir lieben … vertrauen darauf, dass sie immer wieder dieselbe Leistung zeigen.) Sprechen Sie mit den Kunden. Die Konversation kann schwierig sein, aber nützlich. Und wenn sie zu nichts führt, was sagt das über den Kunden? Oder – der Himmel behüte – über Sie?

Sprechen Sie … ***umgehend*** … über jeden wirklichen oder vermeintlichen Vertrauensbruch. Erwägen Sie vertrauensbildende Maßnahmen.

21.

ICH AG = KOMPETENZ. IHRE FÄHIGKEITEN MÜSSEN FÜR KUNDEN INTERESSANT SEIN.

Ihr/unser »Angebot an Fähigkeiten« darf nichts weniger sein als ... **umwerfend.**

Der Kern

Sie müssen einfach auf einem Gebiet über eine Menge an Wissen verfügen, das für eine Anzahl potenzieller Kunden einen signifikanten Wert hat. Unterm Strich: Keine besonderen, marktgängigen Fähigkeiten bedeutet: kein Glück mit der ICH AG.

M-A-R-K-T-F-Ä-H-I-G. B-E-S-O-N-D-E-R-H-E-I-T. Das sollte kaum überraschen. Marktfähige Besonderheit ist schließlich das, was eine Marke ausmacht. Morton Salt. Saran Wrap. The Lady Sensor. Worin also sind Sie ... außergewöhnlich ... auffallend ... »gut«? So gut, dass es sich lohnt, die ICH AG zu kaufen?

Gute Frage.

Oder?

Wir können nicht alle »großartig« sein. Können nicht alle schweben wie Michael Jordan. Oder mitfühlen wie Oprah Winfrey. Aber wir können nach Besonderheit ... in der einen oder anderen Form ... streben. Auf einem Gebiet, das einen Marktwert hat.

ICH AG = marktfähige Besonderheit.

(Hören Sie nicht auf, sich dies zu sagen. Jeden Augenblick. Jeden Tag. Bei jeder Besprechung. Jedem Projekt. Marktfähige Besonderheit, ... SONST ... gibt es kein Entkommen. Kein Vermeiden. Erinnern Sie sich an die Ausgangsthese: Mindestens 90 Prozent unserer derzeit bestehenden Bürojobs stehen auf dem Spiel ... in den nächsten zehn Jahren. Das ist kein Spiel.)

Mein Punkt: Es geht hier um Ihr/mein Leben. Reflektieren Sie über sich selbst und Ihre Fähigkeiten/Talente/Potenziale ... mit brutaler Ehrlichkeit. Sie haben wahrscheinlich mehr (sehr viel mehr) zu bieten, als Ihnen bewusst ist. Also ...

Konzentrieren Sie sich auf die **eine** Disziplin, in der Sie am ehesten in der Lage sind, etwas wirklich Besonderes zu bieten, das zugleich marktfähig ist. Und ... legen Sie los! (Unternehmen Sie heute **eine** Aktion, um diese Besonderheit aufzupolieren/zu formulieren/dafür zu »werben«.)

T.D.L./Vive la Différence

1. Also: Worin **bin** ich anders? In Dingen, die für andere einen Wert haben? (Nicht »Michael-Jordan-anders«, sondern in der Art, wie ich etwas auffallend Besonderes zustande bringe.) Seien Sie präzise. Sehr präzise.

2. Sind Sie sicher? Marktfähige Besonderheit ist ein anspruchsvoller Begriff. Denken Sie darüber und über Ihre Person nach. Haben Sie eine unverwechselbare Stimme? Einen klaren Standpunkt? Einige Ideen, die Ihnen am Herzen liegen, und die Sie verwirklichen möchten? Hat Ihre Besonderheit auf diesem Gebiet einen klaren und unverkennbaren Wert für Kunden? Wenn nicht: Welchen einen Schritt vorwärts können Sie ... gleich jetzt ... tun, um den Schwerpunkt Ihrer Arbeit an Ihrem derzeitigen Projekt zu verlagern ... und dieses besondere und marktfähige Produkt zu entwickeln? Welches Ergebnis wäre hier wichtig und wertvoll?

3. »Verdammt gut« oder »brauchbar« zu sein reicht noch nicht. Gewinner – von heute – müssen für **e**twas **W**ichtiges **s**tehen. (Noch einmal: Denken Sie darüber nach. Sprechen Sie mit engen Kollegen darüber.) Was bedeutet »Für-etwas-Wichtiges-stehen«? Im Jahr 2001? 2002? (Und wieder: Was können Sie konkret im Hinblick auf Ihr heutiges Projekt tun, um daraus eine Aufgabe im Sinn dieser Zielsetzung zu machen?)

22.

SIE SIND IHR ADRESSBUCH I: ICH AG IST EIN MANNSCHAFTSSPORT

Die ICH AG ist persönlich, bedeutet aber kein Einsiedlerdasein.

ICH AG ist ein Mannschaftssport!

Sie werden in dem Maß erfolgreich sein, wie Sie »Toms Welt« (oder Marys Welt ... oder Daves Welt) entwickeln. Sie müssen sich – ganz bewusst – über die Liste Ihrer Kontakte Gedanken machen, sowohl im Hinblick auf Umfang wie auch Intensität.

Gestalten Sie Ihr eigenes Universum! Das kann innerhalb einer Organisation geschehen. (»Schaff dir dein eigenes McKinsey«, lautete der brillante Rat einer meiner früheren Bosse bei McKinsey & Co.) Oder werden Sie außerhalb Ihrer gegenwärtigen Organisationswelt aktiv, selbst wenn Sie auf der Gehaltsliste zu bleiben gedenken ... vorläufig.

Der Kern

Ich könnte mein Gepäck verlieren. Schmerzlich. Keine große Sache. Ich könnte meine Brieftasche verlieren. Sehr schmerzlich. Keine große Sache. Ich könnte dies Manuskript verlieren. Äußerst schmerzlich. Große Sache. Überlebbar.

Aber wenn ich mein Adressbuch verliere ... könnte ich genauso gut Harakiri begehen. Im Ernst. (Beinahe.)

ICH AG = lebendige, wachsende Gemeinschaft nützlicher/hilfreicher Kontaktpersonen.

Die großen/**g-r-o-ß-e-n** Ideen:

* Gemeinschaft
* Management
* Wahrung
* Wachstum
* Systematisierung
* Aufmerksamkeit
* Interesse
* Gegenseitige Unterstützung
* Lernfähigkeit
* Verständnis
* Vertrauen

ICH AG = Firma ICH. »Firmen« haben Zulieferer und Subunternehmer ... und Distributoren und Kunden. Das »Firmenadressbuch« ist, wenn Sie so wollen, ihre Existenz. Firma ICH ist ein Organismus. Ein Ökosystem. Es wächst ... oder verkümmert.

Vor allem: Der Organismus/das Ökosystem muss gepflegt werden. So wie ein Garten.

»Entwickeln Sie ein Bewusstsein für Ihr Adressbuch«, wie ein Netzwerk-Superstar zu mir sagte.

T.D.L./Rolodex-Fanatiker

1. **Organisieren Sie, was das Zeug hält, anhand Ihres Adressbuchs.**

JETZT. (VERDAMMT.) (Oder machen Sie wenigstens einen Anfang … jetzt.) Wählen Sie die dafür notwendige Software – Microsoft Outlook, ACT! oder was auch immer – sorgfältig.

2. **Entwickeln Sie ein einfaches, aber umfassendes System. Aber ein System.(!) Sortieren Sie Ihre Kontakte. Notieren Sie Ihre jeweilige letzte Korrespondenz – E-Mail oder »Snail«. Halten Sie alle Arten von Details fest … berufliche … und persönliche.**

3. Gehen Sie sorgfältig Ihr gesamtes Adressbuch durch. Wenigstens einmal monatlich. Machen Sie zu jedem wichtigen oder potenziell wichtigen Eintrag eine Punktebewertung: Bin ich mit Mary in Kontakt geblieben? (1 = hoffnungslose Vernachlässigung, 10 = voll und ganz.)

4. Verknüpfen Sie Ihr Adressbuch bewusst mit Ihrem Kalender. ***Jedes Frühstück und jedes Mittagessen ist eine Gelegenheit zur Erweiterung Ihres Adressbuchs.*** Klingt machiavellistisch? Manipulativ? Stimmt!

Es geht um … **Ihre** Gemeinschaft.

Ihre Geschäftswelt.

Ihre Ressourcen.

Ihre Kunden.

Ihr Leben.

Nehmen Sie es ernst ... und gehen Sie systematisch vor. (Und seien Sie bereit, zweimal mehr zu geben, als Sie bekommen!)

5. Managen Sie die Gemeinschaft Ihres Adressbuchs **täglich**. (Nicht mogeln.) Zweigen Sie am Anfang und am Ende des Tages einige Minuten ab, um Ihre Netzwerkbemühungen zu überdenken.

6. **Holen Sie weit aus!** Netzwerke müssen wachsen, um lebendig zu sein. Veranstalten Sie – pro Woche – mindestens ein Frühstück oder Mittagessen mit jemand Neuem.

7. **Sortieren Sie aus!** Die »Gemeinschaft« muss überschaubar bleiben. Seien Sie nicht unhöflich. Verteilen Sie Ihre Präsenzzeit mit Bedacht. (Um eine Selbstverständlichkeit zu wiederholen: Zeit ist die limitierteste/wertvollste Ressource der ICH AG.)

8. Geben Sie Ihrer Adressbuchgemeinschaft bewusst Inputs. Von meinem Mentor Gene Webb in Stanford habe ich den Trick geerbt, »diverse Korrespondenzen« zu verschicken. Immer wenn ich auf etwas Inspirierendes stoße, verteile ich es bewusst und umgehend, solange der Funke noch glüht, an ausgewählte Mitglieder meiner Gemeinschaft, ... mit einer kurzen Begleitnotiz, warum es meine Fantasie angeregt hat. Das Ziel: »sie« ... **bewusst** ... auf dem Laufenden zu halten (über mich!).

9. ***Behalten Sie Ihr Adressbuch im Blick.***

Denken Sie in Netzwerken.

Ständig.

ICH AG = Ich bin mein Adressbuch.

22a.

LOYALITÄT: WICHTIGER DENN JE! DIE NEUE ICH-AG-LOYALITÄT = NETZWERK.

Der Kern

Als Ehemaliger bin ich »McKinsey & Co.« insgesamt nicht treu. Ich bin **meinem** McKinsey gegenüber loyal – und mehr als das. Das heißt, den Menschen gegenüber, die ich liebte/liebe und bewunderte/bewundere, und die Teil meines **»Universums«** sind ... 18 Jahre, nachdem ich »die Firma« verlassen habe.

»Loyalität« ist **nicht** im Schwinden begriffen, wie so viele behaupten. Das ist zumindest mein Eindruck. Loyalität gegenüber einem Firmenlogo – zum Beispiel GE, GM oder McKinsey – lässt vielleicht nach. (Großartig! Mir gefiel es nie, ein Hausknecht zu sein ... oder einer großen Institution zu huldigen.) Aber Adressbuch/Netzwerk/Verbundenheit ist im Kommen. (Wenn Sie klug sind.) Das heißt, in unserem Kontext, wenn Sie als ICH AG schlau sind.

Hinweis: Dies ist für die Teilchenphysikerin nichts Neues. Sie steht vielleicht auf der Gehaltsliste der University of Chicago. Aber ihre Gemeinschaft besteht ... ohne Zweifel ... aus den Teilchenphysikern in aller Welt, wo auch immer sie sich zufällig befinden. Ebenso verhält es sich mit den Dekonstruktivisten an verschiedenen Instituten für Englische Literatur. (Und so weiter.)

Warum? Weil dies die Leute sind, die zu Ihnen halten und Sie inspirieren. Es sind die Leute, die für Sie da sind, wenn Sie ein Problem haben, ... und wenn sie die Lösung nicht selbst wissen, durchsuchen sie ihre Adresskartei nach jemandem, der Ihnen helfen kann. Der Ihnen Input und »Nahrung« für Ihre Neugier, Ihre Überzeugung, Ihre Ziele bietet. Dies sind die Leute, zu denen Sie eine B-e-z-i-e-h-u-n-g aufbauen.

Die neue Loyalität ist stark. *Aber* es ist die Loyalität gegenüber einem Fachgebiet/einer Gemeinschaft … nicht gegenüber einem Logo. Dazwischen besteht ein Unterschied. (Ein **g-r-o-ß-e-r** Unterschied.)

T.D.L./Die neue (aber starke) Loyalität

1. Gehen Sie mit Adressbuch/Netzwerk/Gemeinschaft sorgsam um? Pflegen Sie sie (*zuverlässig*)? Leisten Sie Hilfe (*zuverlässig*)? Kümmern Sie sich um ihr Wohlbefinden (*zuverlässig*)? Sie spielen jetzt ein neues Spiel: Das Firma-ICH-Spiel (selbst wenn Sie beschließen, … vorläufig … auf einer Gehaltsliste zu bleiben). Das Firma-ICH-»Spiel« ist das ultimative Loyalitätsspiel. Denken Sie darüber nach. Verhalten Sie sich danach. Heute. Jeden Tag. Bewusst.

2. Definieren Sie Loyalität gegenüber Ihrem Netzwerk: Was … GENAU … bedeutet das? Wie üblich: Reden Sie mit ein paar Kollegen. Sprechen Sie über Verbundenheit. Die neue Loyalität innerhalb von Netzwerken. Wie setzen wir sie in die »Praxis« um? HEUTE? In unserem aktuellen Projekt? Was sollten wir in unser tägliches Ritual aufnehmen … zwecks EXPLIZIT PRAKTIZIERTER LOYALITÄT GEGENÜBER UNSEREM NETZWERK/ERWEITERTER FAMILIENTREUE? Listen Sie **z-e-h-n** Punkte auf.

23.

SIE SIND IHR ADRESSBUCH II: VIELFALT ZÄHLT! SAMMELN SIE FREAKS!

Es war, glaube ich, Warren Bennis, der mir gegenüber zuerst von der Idee einer »Persönlichen Universität« sprach. Und Allen Puckett, ein Freund aus meiner Zeit bei McKinsey & Co., war der Experte in diesem Fach: Allen las beispielsweise ein Buch, rief den Autor an und lud ihn, wenn er das nächste Mal in dessen Stadt war, zum Essen ein. Im Lauf der Jahre legte er sich eine erstaunliche »Sammlung« ausgezeichneter Kontakte zu, an die er sich bei Bedarf wenden konnte.

Der Kern

Dies sind verrückte Zeiten. Kein Zweifel. Deshalb: Sie sind so (angemessen) verrückt wie ... die Freaks, die sie sammeln.

Ich kann nicht für Sie sprechen, aber ich bin ... täglich ... besessen von dem, was ich nicht weiß. Was ich nicht lese. Mit wem ich nicht meine Zeit verbringe. Wer mich h-e-r-a-u-s-f-o-r-d-e-r-n wird. Wer mich aus der Ruhe bringen wird. Wer so verdammt überzeugend sein wird, dass ich einige Grundaxiome meines Glaubenssystems überprüfen/verwerfen werde.

ICH HABE EINEN HORROR VOR ... STILLSTAND. Deshalb habe ich nur eine Wahl: MICH – STÄNDIG! – RUHESTÖRERN AUSZUSETZEN, will heißen: FREAKS.

(Ist meine Rede [irgendwie] verständlich? Für Sie? Ich bete, dass dem so sei.)

Es ist so verdammt einfach, mit den gleichen Leuten essen zu gehen (immer wieder). Die gleichen Zeitschriften zu lesen (immer wieder). Die gleichen Konferenzen zu besuchen (immer wieder). Sich für Jobs/Projekte zu bewerben, bei denen man »weiß, was man tut« (immer wieder). Und so ... elend hart, sich ständig Widerständen auszusetzen, ... konträren Ideen – stark genug, um den Glauben an sich selbst zu erschüttern.

Aber um das Offensichtliche zu wiederholen (was wir nicht oft genug tun können): Mit den gleichen Leuten herumzuhängen, die gleichen Zeitschriften zu lesen, die gleichen Konferenzen zu besuchen, ... ist TÖDLICH. Sie können als ICH AG nicht erfolgreich bestehen, wenn Sie immer der gleiche Immergleiche bleiben.

ES IST GANZ EINFACH (zu sagen): SIE SIND SO SCHILLERND-VERRÜCKT-COOL-»IN« WIE DIE COOLEN/VERRÜCKTEN/»IN«-TYPEN, MIT DENEN SIE SICH UMGEBEN.

(Es ist wirklich so ... einfach. Und gleichzeitig so ... schwierig.)

T.D.L./Die Freak-Collection

1. Sie gehen in ein cooles Restaurant. Diesen Sonnabend. Sie sind begeistert. Rufen Sie am Montag die Besitzerin an. Laden Sie sie zum Mittagessen ein. Sprechen Sie über dies und das. Fügen Sie sie Ihrer Sammlung cooler Typen hinzu.

2. Sie lesen einen provokativen Artikel in *Wired* oder *Business 2.0* oder *Fast Company*. Schicken Sie dem Autor eine E-Mail mit Ihren Ansichten. Beginnen Sie eine E-Korrespondenz. Laden Sie ihn bei der nächsten nicht-virtuellen Begegnung zum Abendessen ein. Fragen Sie ihn, was für coole/abgefahrene Konferenzen er auf dem Plan hat. Suchen Sie sich eine aus. Gehen Sie hin.

3. Jetzt. **JETZT UND NICHT SPÄTER**. Entscheiden Sie sich für den Besuch einer Konferenz, bei der Sie die Chance haben, Sonderlinge zu treffen … innerhalb der nächsten 90 Tage. (Zum Teufel mit der virtuellen Welt. Live-Konferenzen sind wichtiger denn je.) Gehen Sie gegebenenfalls auf eigene Kosten hin – geben Sie die 2000 US-Dollar aus – sofern »die Firma« Ihr Vorhaben nicht unterstützt. Bauen Sie entschlossen an Ihrem Netzwerk!

4. Richten Sie in Ihrem Adressbuch eine Rubrik »Freaks« ein. Erweitern Sie sie. Bewusst. Ständig. Pflegen Sie sie, liefern Sie Inputs. Bewusst. Ständig.

5. Sprechen Sie mir nach:

ICH BIN SO COOL WIE DIE COOLEN TYPEN, MIT DENEN ICH MICH UMGEBE.

24.

DESIGN IST – SEHR – WICHTIG! DIE ICH AG ENTWICKELT IHRE »HANDSCHRIFT« ÜBER TELEFONSTIMME, SCHREIBSTIL, BRIEFKOPF …

(Und die meisten unserer Konkurrenten … schnallen es nicht. Nicht die Spur.)

Der Kern

DESIGN. Dieses Buch erschien im amerikanischen Original bei Alfred A. Knopf. Die Zeitschrift *International Design* setzte die Firma auf die Liste der Top 40, … der 40 Firmen Amerikas mit dem überzeugendsten Design. (Disney, Bloomberg und Gillette und die New York Yankees waren ebenfalls auf der Liste.) Sonny Mehta von Knopf hält Design für wichtig. Sehr. Die Worte (in diesem Fall meine Worte) zählen. Aber ebenso zählt der Stil ihrer Präsentation.

Ich habe fünf Jahre – eng – mit meinem Kollegen, dem Grafikdesigner Ken Silvia, zusammengearbeitet. Er ist einer von nur fünf Mitgliedern meines inneren Kreises. Der Grund: (1) Er ist ein cooler Typ. (2) Er ist umwerfend in dem, was er tut. (3) Design zählt. (4) Sehr viel. (5) Für mich.

* **ICH DENKE D-E-S-I-G-N.**
* ICH BIN B-E-S-E-S-S-E-N VON DESIGN.
* ICH L-E-B-E DESIGN.
* T-Ä-G-L-I-C-H.

Und ich rate Ihnen – dringend – genauso obsessiv zu sein. **Wir – alle! – »präsentieren uns« unseren verschiedenen Öffentlichkeiten ... meistens »mittels Design«.** (Selbst wenn wir uns dessen nicht bewusst sind/keinen Begriff davon haben. Was auf mich bis vor kurzem zutraf.) Wo wir gehen und stehen, geben wir Hinweise in Bezug auf unser Design: Kleidung, Frisur, Visitenkarte, der Stil unserer Berichte, Präsentationen etc.

Da wir diese Signale immer aussenden, ob wir wollen oder nicht, und sie entscheidenden Einfluss auf Gestaltung und Erfolg der ICH AG haben, sollten wir da nicht versuchen, unser Design/Erscheinungsbild/Schicksal bewusst zu gestalten?

Anders gesagt: Folgende Kriterien bestimmen die »Handschrift«, das Design, der ICH AG:

* Klarheit!
* Ökonomie!
* Reiz!
* Schönheit!
* Eleganz!
* Freundlichkeit!
* Ehrlichkeit!

Problem: Die meisten von uns »denken« nicht designorientiert. Und eben das will ich ändern. Hier. Und jetzt.

Nicht, dass ich Sie in einen Picasso verwandeln könnte. (Kann ich nicht. Ich selbst habe n-u-l-l künstlerisches Talent.)

Aber ich bin der … vielleicht überheblichen … Ansicht, Ihnen in diesem Zusammenhang so etwas wie Bewusstsein beibringen zu können. Das heißt, ich kann Ihnen raten/Sie bitten, »Ihre Antennen auf Design zu stellen«, Ihren Blick auf die Tatsache zu lenken, dass … SIE SICH ALS ICH AG … JEDE MINUTE DES TAGES … VIA DESIGN PRÄSENTIEREN.

T.D.L./ »Designbewusstsein«

1. Gehen Sie hierbei nicht allein vor. Design braucht einen Resonanzboden. Suchen Sie sich einen verlässlichen (sympathischen!) Kollegen: Beginnen Sie den Diskussions-/Beobachtungsprozess damit, wie Sie sich beide bei verschiedenen Gelegenheiten »präsentieren« … mittels Design.

2. Halt. Machen Sie eine Liste mit **25** (nicht weniger!) Punkten, die Ihre täglichen Auftritte vor unterschiedlichem Publikum charakterisieren. Bewerten Sie – quantitativ? – alle 25 Punkte. (Nicht mogeln.)

3. Ziehen Sie zwei oder drei Freunde hinzu. **Laden Sie eine lokale Designerin zum Essen ein.** Oder bitten Sie sie, – gegen Honorar – ein halbtägiges Seminar zum Thema »Designbewusstsein« für Sie und Ihre Mitstreiter zu halten.

4. **Beginnen Sie die Welt mit anderen Augen zu sehen!** Blättern Sie in einigen Designzeitschriften. Betrachten Sie Internetseiten mit einem Designerblick. (Das Internet ist ein reines Designmedium.) Halten Sie Ihre Beobachtungen in einem Notizbuch fest. (Ich mache das seit acht Jahren. Es ist ein einfacher »Trick«, das Bewusstsein zu schärfen.)

25.

ACHTEN SIE AUF IHRE »PRODUKTPALETTE«. ERGÄNZEN SIE SIE REGELMÄSSIG, ... SONST ...

Ich habe eine »Produktpalette«. Nicht anders als The Gap. Oder Sie! Ich versuche, die meinige ständig zu erweitern: neue Interessenfelder, neue Kommunikationswege/-methoden/-kanäle, neue Verpackung, neue Werte. Sie sollten bewusst dasselbe tun.

Der Kern

Meine »Haupttätigkeit« sind 75 Seminare pro Jahr. Ich strukturiere jedes davon mit 35-mm-Dias. Die rund 200 Dias, die ich jeweils verwende, sind die »Währung« meiner Seminare. Diese Dias verteilen sich auf, sagen wir, zehn Themenbereiche. Ich bestehe (mir selbst gegenüber) darauf – darin bin ich fanatisch –, dass 25 Prozent (ich messe peinlich genau) der Dias (= Ideen) nicht älter als 90 Tage sind. Ich lege großen Wert darauf, dass einer der zehn Themenbereiche in den letzten sechs Monaten neu aufgenommen wurde.

(Nirwana: Nach einer Präsentation im Rahmen der Midwest Beauty Show Ende Februar 1999 kam die Besitzerin der Räumlichkeiten zu mir und sagte voller Begeisterung: »Ich war auf einem Ihrer Seminare letztes Jahr. Unglaublich, 90 Prozent Ihrer Ausführungen sind neu.« Naja, das stimmte nicht ganz, ... aber ich war **entzückt**, dass sie es so gesehen hat.)

Wichtige Punkte:

* ICH AG liefert/»verkauft« Produkte.

* Die »Produkte« sind einzelne (identifizierbare) »Dinge«.

* Zusammen repräsentieren – sind! – sie eine »Produktpalette«. Die **Produktreihe** muss wachsen, oder Ihre ICH AG stagniert. In Wirklichkeit geht es sogar bergab, das heißt: entweder Wachstum ... oder Niedergang. Punkt. Stillstand bedeutet de facto Niedergang.

* Behalten Sie die Produktpalette im Kopf.

* Denken Sie an deren Erweiterung.

* Denken Sie b-e-w-u-s-s-t darüber nach.

Erinnern Sie sich daran, dass zu den acht Hüten von William Bridges (Kapitel 9a) auch der der Produktentwicklung gehört. Das ist wichtig: Produktentwicklung! Es ist Ihr/mein Job. Ausdrücklich.

I-m-m-e-r w-i-e-d-e-r.

T.D.L./ Produktentwicklung bei der Firma ICH

1. Ausgangspunkt: Machen Sie eine Liste Ihrer derzeitigen Produktbereiche. Klar, prägnant und marktorientiert. Das heißt: Was tue ich »Spezifisches«, das andere Leute dazu bewegt, dafür Geld auszugeben? (Gehen Sie die Liste mit befreundeten Kollegen durch. Herauszufinden, was Sie an marktgängigen Produkten/Dienstleistungen anzubieten haben, ist nicht so einfach, wie es anfangs erscheinen mag.)

2. Darauf folgt die Frage: Wohin soll die Entwicklung gehen? Welche **z-w-e-i** Produkte beabsichtigen Sie, Ihrem Portfolio in den nächsten sechs Monaten hinzuzufügen? (SEIEN SIE GENAU. KEINE MOGELEI.)

3. Zweigen Sie bewusst Zeit für Neuentwicklungen ab. **Tage** oder **Wochen** (nicht Stunden), in denen Sie »Neuheiten« für Ihr Produktportfolio erarbeiten.

SIE SIND FIRMA ICH. (Wenigstens in Ihrem Kopf.) »WACHSTUMSORIENTIERTE FIRMEN« INVESTIEREN – BEWUSST – IN DIE ZUKUNFT. GROSSE FIRMEN INVESTIEREN KONSEQUENT/MUTIG IN DIE ZUKUNFT. UND SIE?

26.

T-H-I-N-K B-I-G: »HAT ES IHNEN DEN ATEM VERSCHLAGEN …?« – DER WOW!-TEST VON WERBESPEZIALIST DAVID OGILVY.

Der Kern

»Du riskierst, zum Abklatsch deiner selbst zu werden, wenn du nicht innovativ bist«, sagt der Sportreporter Keith Olbermann, »wenn du sagst: ›Damit fahre ich gut. Ich versuche lediglich, ein paar kleine Änderungen zu machen, damit es frisch aussieht.‹«

Ich las dieses Zitat in *Icon* vor ungefähr einem Jahr. Und es bewegte – erstaunte!/erschreckte! – mich.

Sortimenterweiterung (siehe Kapitel 25): Wir müssen unser »Produktportfolio« ständig erweitern.

DENKEN SIE DARAN: DAS EINZELNE PRODUKT IST WICHTIG.

Aber wir müssen auch unsere ICH AG … ständig … vor der von Olbermann so treffend beschriebenen Falle bewahren, »ein Abklatsch« ihrer selbst zu werden.

Auftritt: Die große Idee.

Sie können von jetzt bis in Ewigkeit Routinearbeit verrichten, aber Sie werden niemals zu Ruhm und Erfolg kommen, wenn Sie nicht auch *große Ideen* entwickeln.
David Ogilvy

Eine **imposante** Idee. Noch einmal mit den Worten des Werbegenies Ogilvy:

»Ließ es dich nach Luft schnappen, als du es zum ersten Mal sahst?«

Dinge, die einem den Atem verschlagen, geschehen nicht jeden Tag (und möglicherweise nie), … aber allein die Suche danach kann schon Innovation/Inspiration/Ambition bewirken.

T.D.L./THINK BIG

1. Sprechen Sie mit einem Kunden: Woran sollten/könnten wir arbeiten, das außerordentlich fundamental ist? (Benutzen Sie diese Worte … oder nahe Äquivalente. Okay?)

2. Gibt es in Ihrem konzipierten Projektportfolio irgendetwas, das für eine ***»Mir-verschlägt-es-den-Atem-Idee«*** geeignet ist? Wenn nicht: Arrangieren Sie – je eher desto besser – ein paar THINK-BIG-Sitzungen mit den verrücktesten Typen, die Sie kennen. THINK BIG. VERLEIHEN SIE IHREN IDEEN AUSDRUCK. DENKEN SIE ATEMBERAUBENDES. Sie stolpern garantiert nicht beim ersten Mal über den Topf mit Gold am Ende des Regenbogens. Aber … Sie müssen irgendwo beginnen!

3. Machen Sie sich mit **großen, atemberaubenden Ideen** vertraut. Nennen und notieren Sie zehn – Ihrer Ansicht nach – große Ideen. Der Spaceshuttle? Die absolute Reklame? NATO? Der Euro? Flaschenschraubverschlüsse? Warum sind es große Ideen? Was hat sie Ihrer Vermutung nach ausgelöst?

T-H-I-N-K B-I-G – Fangen Sie gleich damit an!

27.

FIRMA ICH/ICH AG ERFORDERN MUT – IMMER WIEDER AUFS NEUE.

Der Kern

Die bisherige Ökonomie forderte: Mach einen Plan und halte an ihm fest. Die New Economy ist so ungeregelt, so außerhalb der üblichen Norm, dass die Regeln anders lauten: Träume wild, halt deinen Daumen raus und lass dich ein Stück mitnehmen. ... Sei ungebunden, offen für Überraschungen, und sei cool.

Harriet Rubin

Die alte Bürowelt bröckelt. Schnell. Wie wir den Umbruch überstehen, hängt davon ab, in welchem Maß es uns gelingt, für etwas Großes und Wagemutiges zu stehen. Leicht aufzuschreiben. (Sehr.) Schwer umzusetzen. (Sehr.) Vom professionellen Büroarbeiter – dem Firmenmensch (herkömmlicher Manier) – wurde während der letzten anderthalb Jahrhunderte nicht gerade Wagemut erwartet.

Aber ... **jetzt**! Also: Stehen Sie auf ... recken Sie Ihren Hals **weit** in die Höhe ... und machen Sie sich bemerkbar ... SONST (... sehen Sie zu, wo Sie bleiben).

Wir müssen mutig hervortreten – auch wenn es uns schwer fällt – sonst (... werden wir getreten). Ein letztes Mal: Der Dorfschmied – Ihr Ururgroßvater – hat dies schon vor zwei Jahrhunderten kapiert.

Jetzt müssen Sie und ich »es« kapieren (***glorreiches »es«*** meiner Ansicht nach): WIR STEHEN ALLE AUF EIGENEN BEINEN. ES LIEGT AN UNS, MUTIG ZEICHEN ZU SETZEN. SONST ... (Sie wissen schon).

T.D.L./Treten Sie hervor oder … treten Sie ab

1. Sind Sie bereit, Ihr (berufliches) Leben für Ihr augenblickliches Projekt zu riskieren? Alles, was ich will, ist: **DENKEN SIE DARÜBER NACH**. Ist das Projekt cool/kühn genug, um ein solches Risiko zu rechtfertigen?

2. Lehrt mich mein augenblickliches Projekt »**das kalte Grausen**« (wie es ein WOW!-Projekt-Spezialist formulierte)? Zehrt es ein bisschen (oder mehr!) an den Nerven? Wenn nicht, was … genau … kann ich/können wir daran ändern? (Das bedeutet gegebenenfalls auch, das gegenwärtige Vorgehen zu stoppen, auch wenn das zu politischen Komplikationen führt.)

3. Persönliche Vorbereitung: Unternehmen Sie außerhalb der Arbeit etwas Neues, das Mut erfordert. Machen Sie eine Wildwasserexpedition. Klettern Sie auf Berge. **Probieren Sie ein äthiopisches Restaurant aus**. Was auch immer. Die Idee: Machen Sie sich vertraut mit dem Unvertrauten.

28.

SEIEN SIE VIRTUOS! ICH AG IST EINE KUNST.

Dies ist mein Leben. Ich will daraus etwas machen. Ich will es gestalten. Ich will mein Bestes geben. Ich will … **eine Kunst daraus machen** – aus Buchführung … oder Informationssystemen; aus Verkauf … oder Kundenservice.

Ich bin ICH AG. Ich bin darstellender Künstler.

Der Kern

Stanislavsky schrieb einmal, ganz gleich, ob gut oder schlecht – dein Spiel muss wahrhaftig sein. Ob deine Darbietung brillant sein wird, liegt nicht in deiner Hand – alles, was du kontrollieren kannst, ist deine Intention. Du kannst nicht bestimmen, ob deine Karriere brillant wird – alles, was du kontrollieren kannst, ist deine Intention. Wenn es deine Intention ist zu manipulieren, darzustellen, zu beeindrucken, dann magst du verkraftbare Enttäuschungen oder schöne Triumphe erleben. Wenn es deine Intention ist, der Wahrheit zu folgen, die du in dir verspürst – deiner eigenen Vernunft zu gehorchen und mit aller Willenskraft nach Disziplin und Einfachheit zu streben –, dann mach dich auf tiefe Verzweiflung, Einsamkeit und ständige Selbstzweifel gefasst. Und wenn du durchhältst, wird das Theater, dem du dienst, dich dann und wann mit dem größten Glücksgefühl beschenken, das du dir vorstellen kannst.

David Mamet

Tod ist nicht die einzige Möglichkeit, sein Leben zu verlieren.

Alvah Simon, aus: *North to the Night*, die Geschichte von Simons Überwinterung, als er nur mit einem kleinen Boot ausgerüstet vom Polareis eingeschlossen war.

Belohnung und Belebung ... resultieren aus dem Mut, etwas, was auch immer es sei, zum ersten Mal zu versuchen. Ein begeisterter Amateur muss kein Genie sein, um zu erkennen, dass er sich von ausgetretenen Pfaden fernhalten sollte, auf denen er sich nicht auskennt. ... Abenteuersuchende Amateure bereichern uns mit wundervollen Streifzügen ins Unerwartete.

Daniel Boorstin, Historiker

Die ganze Welt ist eine Bühne: Ich liebe die ICH-AG-Idee, das ICH-AG-Leben. Es ist *mein* Leben. *Meine* Liebe. *Meine* Kunst. *Mein* Können. *Meine* Darbietung. »Sie« – die großen Bosse – bilden lediglich den Hintergrund, von dem ich mich abhebe. (Und nicht umgekehrt.)

Werde ich hart arbeiten? Viel härter, als zu der Zeit, in der ich für »sie« arbeitete. **Ich bin**. Ich bin Martha Stewart ... im Personalwesen. (Warum nicht?) **Ich bin**. Ich bin Oprah in ... Finanzen. (Warum nicht?) Die »Abteilung« ist meine Bühne.

(Ich gestehe: Dies alles ist prickelnd – mein Leben.

Meine Darbietung!

Ich kann es von ihnen zurückholen. Und mit ihm ... die Freuden der Eigenverantwortlichkeit. Eigendarstellung.)

Sie sehen: Sie werden mich niemals davon überzeugen, dass Personalwesen oder Informationssysteme weniger bedeutungsvoll wären als »die Bretter, die die Welt bedeuten«. (Versuchen Sie es also gar nicht erst!)

KANN STEIGERS WELT IHRE/MEINE WELT SEIN?

Ich befand mich im Anschluss an eine **Darbietung** – ein ganztägiges Seminar für Topmanager! – in meinem Hotelzimmer in Helsinki. BBC World Service brachte ein langes Interview mit Rod Steiger. Als er über sein Theaterhandwerk sprach, die seltenen Momente perfekter Stimmigkeit, kamen mir unwillkürlich die Tränen. Vielleicht lag es am Jetlag. Aber ich glaube nicht.

Ich habe zunehmend ein Interesse für Bücher und Reportagen über alle Arten von Künstlern entwickelt ... von Michael Jordan über Bob Dylan bis Rod Steiger. Ich habe ein oder zwei »dieser Momente« erlebt, in denen ich vollkommene Übereinstimmung – perfekte Harmonie – mit meinem Publikum erreichen konnte. Und diese Augenblicke zeigten mir die Möglichkeiten, die in all unserer Arbeit begründet liegen. Arbeit, die etwas bewirken will!

»Darbietung« ist ein schönes Wort, finde ich. Ich stelle mir Frank Gehry vor, wie er an dem Design des Guggenheim Museums in Bilbao arbeitet. Oder jemanden aus der Mannschaft von David Kelly, Chef von IDEO Design & Product Development, der einen hohen Grad an Perfektion beim Design eines medizinischen Geräts erreicht. Oder meinen College-Freund, den renommierten Kinderkardiologen Frank Galioto, der die Vorstellung einer »unmöglichen« chirurgischen Meisterleistung gibt ... und damit ein junges Leben rettet oder verlängert.

Darbietungen mit Konsequenzen. In Personalwesen, Einkauf, Informationswesen. (Gott weiß wo!) Kurz: Ich denke, sie liegen in unserer Reichweite. Aber dazu müssen wir unsere Fantasie spielen lassen:

Darbietungen mit Tragweite.

T.D.L./Seien Sie virtuos!

1. Sprechen Sie mit ein oder zwei Kollegen – aus Ihrer Firma oder von außerhalb – über … Kunstfertigkeit. Über Ihr sowie deren Handwerk. Das heißt:

Ist ein Tag in Ihrem Projekt … eine wirkliche Darbietung?

Wenn nicht, gibt es etwas, das Sie tun können … **j-e-t-z-t**, um die Spannung/den darstellerischen Effekt des aktuellen Projekts zu erhöhen, … um es zu etwas zu machen, das Ihren uneingeschränkten Einsatz verdient? Gehen Sie dies langsam an. Beginnen Sie den Dialog mit einigen Freunden. Bei dieser Diskussion geht es um Ihre E-x-i-s-t-e-n-z, die Präsentation Ihrer Person.

* * *

Erlebnisse unterscheiden sich von Dienstleistungen ebenso sehr wie Dienstleistungen von Gütern.

aus: Joseph Pine und James Gilmore, *The Experience Economy: Work Is Theater & Every Business a Stage*

* * *

2. Erinnern Sie Sich an Daniel Boorstins Metapher vom »wundervollen Streifzug ins Unerwartete«. Was bedeutet das für Sie?

Haben Sie in letzter Zeit einen »wundervollen Streifzug« unternommen?

Irgendwann schon mal? Was könnte Sie auf einen solchen führen? (Hinweis: Ist nicht vielleicht ICH AG ein wundervoller Streifzug ins Unerwartete?)

29.

BOSSE: DIE ICH AG SOLLTE NACH IHREM GESCHMACK SEIN! (SIE MACHT AUS »BESCHÄFTIGTEN« LEISTUNGSFANATIKER.)

Der Kern

Bosse: Bitte lesen Sie noch einmal Kapitel 28. Ist das eine Bedrohung? »Sie« wollen »darstellende Künstler« werden. Mit einem Stückchen Unabhängigkeit, eine Meile breit und eine Meile tief.

Hört sich das nach Illoyalität an?

J-A! H-A-L-L-E-L-U-J-A! Wir schreiben ein neues Jahrtausend. »Wir« werden – in diesem Zeitalter des intellektuellen Kapitals – so lange gewinnen, wie unsere »Talente« (geb. »Arbeitskräfte«) stolze, sich entwickelnde und unabhängige Akteure sind, ... entschlossen, etwas zu bewirken, ... entschlossen, begeistert und selbstbewusst Leistung zu zeigen.

D-E-N-K-E-N S-I-E D-A-R-Ü-B-E-R N-A-C-H.

T.D.L./Jubelt, Bosse! Die alte Loyalität ist tot!

1. Bosse: Reden Sie mit Ihrer Mannschaft. Über die sich verändernde Welt. Die Bürorevolution. Sprechen Sie übers Überleben. Unabhängigkeit. Einzigartigkeit. Leistung. Initiieren Sie einen Gruppendialog über die Möglichkeiten, coole Dinge zu tun. Über Buchführung als darstellende Kunst. Nutzt diese Diskussion als Grundlage für die Entwicklung einer gemeinsamen Strategie!

2. Bosse: WAS HABEN SIE – HEUTE! – GETAN, UM WENIGSTENS EINEN WICHTIGEN BESCHÄFTIGTEN AUSDRÜCKLICH ZU UNABHÄNGIGEM, RISIKOFREUDIGEM, GESTALTERISCHEM, MARKE-ICH-BILDENDEM VERHALTEN ZU ERMUTIGEN?

(Haben Sie zum Beispiel daran gearbeitet, ein Projekt so umzugestalten, dass es über die üblichen Abteilungsgrenzen hinausführt? Haben Sie jemanden dazu ermuntert, einen zweimonatigen Urlaub zu nehmen, um irgendwelche neuen coolen Fähigkeiten zu erlernen?)

30.

GRÖSSTES PLUS DER ICH AG: IDENTITÄT. LERNEN SIE WIE GILLETTE ODER SATURN ZU DENKEN.

Durch eindeutige Ausrichtung auf das Produkt und das Umfeld, in dem es erscheint, sowie durch die Art, in der es kommuniziert wird, hat BMW ein greifbares Image von sich geschaffen.

Wally Olins, aus *Corporate Identity*

Eine klar erkennbare, ständig gepflegte Identität ist das größte Plus einer jeden Firma – wie groß sie auch sein mag.

Der Kern

Wenn »Identität« bei BMW funktioniert, dann funktioniert sie auch bei Ihnen ..., wenn Sie daran arbeiten. Hart.

Noch einmal Olins: »Die Produkte der großen weltweit konkurrierenden Firmen werden einander zunehmend ähnlicher. Das führt notgedrungen dazu, dass das ganze spezifische Erscheinungsbild einer Firma, ihre Identität, zum Hauptfaktor bei der Entscheidung für das eine oder andere Unternehmen wird.«

Klingt alles ein bisschen übertrieben für Sie/Ihre werdende ICH AG? Einspruch. Ich empfehle Ihnen ja nicht (unbedingt), ein Egomane zu werden.

Ich empfehle Ihnen, über Ihre I-d-e-n-t-i-t-ä-t nachzudenken – gründlich. So, wie BMW es tut.

Sehen Sie sich den künstlerischen Bereich an: Modedesigner versuchen, weit über den jeweiligen Saison-Look hinaus Identität zu schaffen (**Calvin Klein, Giorgio Armani, Miuccia Prada**). Ebenso die großen Filmschauspielerinnen ... großen Küchenchefs ... großen Architekten.

Alle Grafik- oder Produktdesigner unter meinen Freunden – und die meisten sind keine Egomanen – machen sich ausführliche Gedanken über ihre Erscheinung, ihren Präsentationsstil, ihren Stil im Allgemeinen. Ein enger Freund von mir – ein renommierter Grafikdesigner – gestaltet eine Präsentation vor zwei Leuten in einer Scheune auf Martha's Vineyard während eines Schneesturms von Rekordstärke mit ebenso viel persönlicher Note und Individualität wie eine Darbietung vor Jan Wenner vom *Rolling Stone* oder Francis Ford Coppola. (Hierbei war ich im Februar 1999 selbst Zeuge.)

Das heißt, er schaltet seine Identität nicht ein und aus.

Er ist er.

Und er gibt alles ... zu jeder Zeit.

T.D.L./Identität!

1. Was bedeutet »Identität«? Sie ist etwas kolossal Wichtiges! Und wenn etwas so wichtig ist, sollten Sie ein eifriger Schüler werden. Richtig? Vielleicht sollten Sie tun, was ich tat. **Studieren**. Zum Beispiel *Corporate Identity* von Wally Olins. Oder *The World's Greatest Brands* von Nicholas Kochan. Wie wäre es mit einer Lerngruppe zum Thema Identität ... bestehend aus ein paar Freunden, ICH-AG-Aspiranten wie Sie?

2. Listen Sie die Bestandteile von Identität auf. ***(Mindestens 15!)*** Wie steht es um Sie ... nach sorgfältigem Abwägen dieser charakteristischen Merkmale?

3. Engagieren Sie irgendeine (oder auch eine ganz konkrete) Mitarbeiterin einer professionellen Identitäts-/Markenberatung. Bitten Sie sie um einen Vortrag – und vielleicht die eine oder andere Hilfestellung – für Sie und die kleine Schar Rat suchender Kollegen.

31.

ICH AG IST »VERTRAUENSSACHE«. DIE BASIS HIERFÜR: GLAUBWÜRDIGKEIT.

Meinem Kollegen Jim Kouzes und seinem Partner Barry Posner liegen Forschungsergebnisse aus mehr als einem Jahrzehnt vor, die belegen, dass **Glaubwürdigkeit** die meistgeschätzte Fähigkeit jeder Führungspersönlichkeit ist. Sie haben darüber ein hervorragendes Buch geschrieben, dessen Titel nur aus diesem einen Wort besteht: *Credibility*. Dieser Faktor hat auch für die ICH AG größte Relevanz.

Der Kern

Einige meinen, wir redeten – allzu leichtfertig – davon, unsere Gesellschaft aus den Angeln zu heben. Dem stimme ich nicht zu. Ganz und gar nicht. Ich hege keine Sympathie für die alte Gesellschaft, in der wir Schreibtischsklaven à la Dilbert waren. Mir gefällt – ich liebe! – die neue Weltordnung, in der wir – endlich wieder! – selbst für unser eigenes Leben zuständig sind. Im Guten ... wie im Schlechten.

Im neuen Zeitalter der Eigenverantwortung wird Vertrauenswürdigkeit zum Axiom: Um als ICH AG effektiv operieren zu können, müssen wir ... absolut ... zuverlässig und glaubwürdig sein.

Das Wort der ICH AG gilt! Die Glaubwürdigkeit der ICH AG **ist** die Marke selbst.

Und ich finde: Das ist cool. S-e-h-r cool.

Ich halte Seminare. In aller Welt. Johannesburg. Warschau. Orlando. Auckland. Cincinnati. (Während ich dies schreibe, bin ich auf dem Weg nach Cincinnati.) Schnee. Eis. Hagel. Tornados. Egal. Ich muss erscheinen. Wie geplant. Pünktlich. Ich muss als ICH AG … absolut … verlässlich sein. Wie Hansaplast. Und Tesafilm. Und Kleenex.

V-e-r-t-r-a-u-e-n-s-w-ü-r-d-i-g-k-e-i-t = des Vertrauens würdig: Komme … pünktlich an – bei Sturm und Hagel. Liefere das Versprochene. (Oder versuche alles Menschenmögliche – im wörtlichen Sinn.)

Marke = Cool. Gewiss! Marke = Vertrauen. Das zuallererst**!**

T.D.L./Vertrauenswürdigkeit (Des Vertrauens würdig)

1. Fragen Sie sich selbst … unbarmherzig: Strahle ich Vertrauen aus? **Ausstrahlen**. Großes Wort. »Rieche« ich nach Vertrauen? Denken Sie darüber nach. Gründlich.

2. Klingt vermutlich ein bisschen »abgehoben«, aber: »managen« Sie Vertrauenswürdigkeit. Ganz bewusst. Was haben Sie …

k-o-n-k-r-e-t

… in den letzten 24 Stunden getan, um Ihre …

VERTRAUENSWÜRDIGKEIT

zu untermauern?

3. Ich rate nicht zu einem Vorgehen nach Plan. (Zu heuchlerisch.) Ich empfehle aber, dass Sie – täglich/wöchentlich – ein informelles »Audit« Ihrer Aktivitäten durchführen:

Hat mein Verhalten (denken Sie an ein halbes Dutzend Besprechungen der letzten Zeit zurück) meine Vertrauenswürdigkeit gestärkt? Meine Glaubwürdigkeit? Konkret?

Und: Habe ich irgendetwas getan – auch irgendetwas »Unbedeutendes« –, das mein Image im Hinblick auf Verlässlichkeit und Glaubwürdigkeit beeinträchtigt hat? Seien Sie ganz genau … und sehr streng mit sich selbst.

4. **S-A-G-E-N S-I-E D-I-E W-A-H-R-H-E-I-T**. Vertrauenswürdigkeit = Aufrichtigkeit. Ich hoffe, Sie empfinden diese offenkundige Predigt nicht als herablassend. Tatsache ist, Wahrheitsliebe ist in Dilbertville nicht allzu verbreitet. Und Unternehmer, die bewusst auf die Wahrheit setzen, sind eine ziemlich seltene Spezies. Deshalb ist Aufrichtigkeit ein »Wettbewerbsvorteil«. (Und Sie können jeden Morgen in den Spiegel schauen.) Lesen Sie als »Leitfaden« zu diesem Thema *Radikal ehrlich* von Brad Blanton.

32.

VISITENKARTEN ERZÄHLEN EINE LANGE GESCHICHTE. (KLINGT VIELLEICHT UNBEDEUTEND. IST ES ABER NICHT!)

(Sie lesen es an dieser Stelle nicht zum ersten Mal!) Oft nimmt alles seinen Anfang mit einer Visitenkarte.

Visitenkarten, gut oder schlecht gemacht, erzählen eine (überraschend) lange Geschichte. Wie die besten Verpackungen vermitteln die besten Visitenkarten gleichzeitig Vertrauenswürdigkeit und WOW! (hoffen wir).

Der Kern

Ich habe nur 50 Kapitel »zu vergeben«. (Mit etwas Trickserei … einigen »22as« … ein paar mehr.) Also warum in aller Welt sollte ich – in diesen chaotischen Zeiten – enorme volle zwei Prozent meines Kapitals dem Thema »Visitenkarte« widmen?

Weil … **IMMER ALLES DER REIHE NACH**.

Visitenkarten sind wichtig.

Visitenkarten sind Ihre Handschrift.

Der erste Hinweis, den Sie von sich geben, ist häufig Ihre … Visitenkarte.

Visitenkarten sind … cool.

Oder … nicht-so-cool.

Visitenkarten sind … niemals neutral.

Vor ein paar Jahren stellte ich jemanden wegen … ihrer … Visitenkarte ein. Na ja, ich übertreibe. Ich stellte sie ein, weil sie ein klasse Typ war. Aber den ersten Hinweis gab mir ihre Visitenkarte, die sich deutlich aus dem Haufen von über 200 Bewerbungen abhob. Das reichte, um ihre Bewerbung … augenblicklich … auf den Stapel der zweiten Auswahlrunde zu legen.

(G-r-o-ß-e Sache!)

Das ist für Sie (und mich) genauso wichtig wie für BMW oder Nike oder Apple. Vielleicht noch wichtiger (weitaus wichtiger): Es ist eine der wenigen Möglichkeiten, wie Sie sich … gleich im ersten Kontakt … von der Menge (deutlich) abheben können.

T.D.L./Visitenkartenperfektion!

1. Lesen Sie das oben Geschriebene noch einmal durch. Ob auf eigenen Füßen oder (noch) auf einer Gehaltsliste ... seien Sie ein Perfektionist in Sachen Visitenkarte.

2. Studieren Sie – ja! – Visitenkarten. (Beginnen Sie mit der Lektüre dieses Buches: *What Your Business Card Reveals About You – and How to Fix it* von Lynella Grant.)

3. Können Sie ... **mit Bestimmtheit** ... sagen, dass Ihre Visitenkarte/Ihr Briefkopf die **»Handschrift«** trägt, die Sie sich für sich/ICH AG wünschen? (Denken Sie – intensiv! – nach, bevor Sie antworten. BITTE.)

4. Geben Sie $$$ dafür aus. Wenige ICH-AG-»Investitionen« sind wichtiger als Visitenkarten/Briefkopf.

5. Spiegelt Ihre Visitenkarte ... exakt ... wider, wer Sie sind? Worin ... genau ... Ihre Besonderheit liegt? (Sind Sie sicher?)

33.

ICH AG BRAUCHT EINEN INTERNET-AUFTRITT. FANGEN SIE SOFORT DAMIT AN!

Kurze Botschaft: Wenn Sie keine Webseite haben, … legen Sie sich eine zu. Sie braucht nicht superoriginell zu sein. Aber sie kann sich als außerordentlich nützlich erweisen (zum Beispiel zur Förderung von Netzwerken, zur Schaffung eines Identitätsmerkmals oder zur Werbung von Kunden). Und sie signalisiert, dass Sie »auf der Höhe der Zeit« oder wenigstens nicht »nicht auf der Höhe der Zeit« sind. (Und nicht im Mittelalter leben.)

Der Kern

ICH AG: Das Internet ist Ihr Freund. Vielleicht Ihr bester Freund. Das Internet ist der große »Gleichmacher«. Es ebnet das Spielfeld. Im Web ist cool/klein im Vorteil gegenüber fad/groß.

Das Internet pulsiert spürbar. Es verändert unsere Lebensweise … auf millionenfache Weise … für immer. Lassen Sie sich dieses Epoche machende Werkzeug nicht entgehen.

Bei Ihrem Internetauftritt können Sie Ihrer spielerischen Fantasie freien Lauf lassen und sich von Ihrer c-o-o-l-s-t-e-n Seite zeigen. Sie können in angenehmem/anregendem Rahmen Informationen und Ideen präsentieren. Beispielsweise öffentliche Chaträume zu Themen einrichten, die Ihnen am Herzen liegen. Als Webfan sind Ihnen hier keine Grenzen gesetzt.

Für die etwas Zurückhaltenderen kann das Internet zumindest als eine solide professionelle Adresse dienen. Sie können »für die Welt« ein paar Informationen über sich bereithalten. Sie demonstrieren damit, dass Sie mit von der Partie sind.

Sie müssen zumindest **e-t-w-a-s** unternehmen. Aber ich rate Ihnen nicht, sich groß ins Zeug zu legen, es sei denn, es ist absolut Ihr Ding. (Warum? Weil es erhebliche Energien absorbiert, die Sie anderswo produktiver einsetzen können. Es spricht aber nichts dagegen, einen Teilzeit-Webfan mit diesem Auftritt der ICH AG zu betrauen.)

Vor allem: Lassen Sie die Effekthascherei. Langweilige Webseiten, die versuchen, aufregend zu sein, sind ein trostloser Anblick. (Trostloser geht es nicht.)

LOGOFRAU TRIFFT INTERNET

Wir leben in einer Internetwelt! Erinnern Sie sich an die Logofrau? (Kapitel 4a.) Sie ist auch Internetfrau, das heißt: Sie …

* schickt ihren Lebenslauf für einen neuen Job via Internet;
* wird im Internet angeworben;
* verhandelt via E-Mail;
* wird im Internet eingestellt;
* wird im Internet geschult;
* führt Projekte im Internet durch;
* managt Projekte und Kundenbetreuung via Internet;
* managt ihre Karriere und Eigenpräsentation (Aufbau der ICH AG!) durch das Internet.

Will heißen: Das Internet wird zum Generalschauplatz.

T.D.L./Internetpräsenz und ICH AG – Internet ist ICH AG

1. Für Neulinge: Verbringen Sie Zeit im Internet. **Jeden Tag**. Machen Sie sich mit ihm vertraut. Benutzen Sie es. Bewerten Sie einzelne Webpages. Was funktioniert? Was nicht? Was spricht Sie an? Was lässt Sie kalt? Achten Sie auf das Gesamtbild. Und auf die Feinheiten.

2. Erwägen Sie – sehr ernsthaft – zumindest eine Seite mit elementaren Informationen über sich. Das ist nicht nur ein Anfang. Es ist ein guter Anfang. Also … tun Sie es. (**Jetzt.**) (**Selbst wenn** Sie noch auf einer Gehaltsliste stehen.) (Dass Sie einen Anfang machen, ist bereits das Ticket!)

3. *Wenn Sie grundsätzlich nicht abgeneigt sind, dann ziehen Sie die gewagtere Variante in Betracht. (Das Internet ist für Sie geschaffen!) Was, wenn Ihre coole Webseite ein Raum wäre, in dem … sich coole Leute … über coole Dinge unterhalten? DAS IST – ÜBERHAUPT – KEIN DING DER UNMÖGLICHKEIT. Wenn Ihnen das Spielerische liegt, dann suchen Sie sich einen internetgewieften Helfer oder zwei … und … legen Sie los. (Geld ist nicht das Problem. Zeit/Energie schon eher.)*

4. Noch besser:

Entwerfen Sie eine Internetstrategie,
um Ihre ICH AG zu etablieren und
Ihre Dienstleistungen zu verkaufen.

Auch das ist im neuen Jahrtausend kein großes Vorhaben mehr. Die gute Neuigkeit: Sie können online Freunde/Experten treffen, die Ihnen helfen werden. (AUF DIE NETTE ART!)

34.

SIE SIND IHRE EIGENE PR-AGENTUR. FÜR NEULINGE: TRETEN SIE TOASTMASTERS BEI.

Der Aufbau einer lokalen Reputation ist das Ein und Alles einer in der Entwicklung befindlichen ICH AG. Das bedeutet, dass Sie jede sich bietende Gelegenheit nutzen sollten, um … Ihre Geschichte zu erzählen. Dies setzt die Fähigkeit voraus, mit anderen Menschen in offiziellem Rahmen zu kommunizieren. Sie müssen nicht gleich in die JFK-Liga streben, aber »öffentliches Reden« muss zu Ihrem Repertoire gehören, weshalb ich Ihnen so unumwunden Toastmasters empfehle.

Der Kern

Sie müssen nicht Ronald Wilson Reagan sein. Oder John Fitzgerald Kennedy.

Aber die Welt der ICH AG … ist … eine Verkaufswelt.

Das heißt, die Präsentation Ihrer Person ist wichtig. (Sehr.)

Eine (g-r-o-ß-e) Idee: Überwinden Sie Ihre (s-e-h-r natürliche!) Angst, vor einem Publikum zu sprechen. Dafür gibt es zweifellos viele Strategien. Ich bin ausgesprochener Toastmasters-Fan. Toastmasters ist für meinen Geschmack etwas zu durchstrukturiert, aber das ist das geringste Problem. Es ist eine erstklassige Selbsthilfeorganisation, die Hunderttausenden dazu verholfen hat, sich selbst präsentieren zu können.

Ich habe keine Verbindungen zu Toastmasters. Nichts dergleichen. Und es gibt mehrere Alternativen. Darum geht es mir auch nicht. Mein Punkt ist: Sie müssen ein Meister der Kommunikation werden. **Aber es wäre unehrlich, wenn ich so täte, als reichte es in der neuen ICH-AG-Welt aus, so viel Aufmerksamkeit auf die Kunst der Selbstpräsentation zu legen wie in der Vergangenheit.** (Das heißt: Wirklich gut zu sein in dieser Kunst, ist Gold wert.)

TOMS REGELN: DIE KUNST DES REDENHALTENS

1. Treten Sie Toastmasters bei.

2. *Siehe Punkt 1.*

3. Trainieren Sie.

4. Trainieren Sie. Ergreifen Sie jede Gelegenheit, um ein paar öffentliche Worte vor einer Gemeindeversammlung etc. zu sprechen.

5. Nutzen Sie ehrenamtliche Arbeit als ein (das!) Trainingsfeld: Spendensammeln, ein Amt in einer religiösen Organisation, in einer Elternschule.

6. Nervös zu sein, ist normal. *Ich bin es bis heute.*

7. Machen Sie Ihren Mund in der Öffentlichkeit nur auf, wenn Sie von Ihrem Standpunkt leidenschaftlich überzeugt sind. Leidenschaft, Glaubwürdigkeit, Betroffenheit sind die Dinge, die wir als kommunizierende Redner »verkaufen«. Unabhängig vom Thema.

8. Setzen Sie Schwerpunkte.

9. Setzen Sie Schwerpunkte.

10. Setzen Sie Schwerpunkte. Notieren Sie Ihre Schlüsselthemen auf einem Kärtchen. Holen Sie alles aus diesen Themen heraus. Aber beschränken Sie sie auf fünf ... oder weniger.

11. Trainieren Sie. Vor Ihrem Ehepartner. Dem besten Freund/der besten Freundin. Den Kindern und deren Teddybären.

12. Nicht auswendig lernen. Nicht ablesen. Steif ist tödlich.

13. *Erzählen Sie keine Witze*.

14. Seien Sie aktuell. Knüpfen Sie an eine Meldung aus der heutigen Zeitung an.

15. Wenn Sie audiovisuelle Hilfsmittel verwenden, ... halten Sie sie klar und einfach. Sämtliche Möglichkeiten von PowerPoint in Form von aufregenden, bunten Grafiken und Tabellen voll auszuschöpfen, ist ... verhängnisvoll. (Glauben Sie mir.)

16. Wiederholen Sie sich. Beschränken Sie sich auf vier oder fünf Hauptgedanken ... und wiederholen Sie sie jeweils in zehn Variationen.

17. Erzählen Sie Geschichten! Redenhalten = Geschichtenerzählen. Punkt.

18. Achten Sie darauf, wie die Präsidenten der Vereinigten Staaten in ihren Reden zur Lage der Nation lebende Beispiele – Helden wie Rosa Parks und Sammy Sosa – anführen. Gibt es im Publikum jemanden, den Sie grüßen können? Und dessen Geschichte Ihren Themen Dramatik verleiht?

19. Betonen Sie in (allen) Ihren Geschichten die »menschliche Seite«. Reale Menschen (in der Firma, Kunden, Händler) tun reale Dinge.

20. Verteilen Sie einfache, überzeugende Handouts, die das Wesentliche zusammenfassen.

21. Versuchen Sie nicht, sich zu verteidigen. (Viel leichter gesagt als getan!) Sie sind hier, um Freunde zu gewinnen und Leute zu beeinflussen, ... nicht, um sich Feinde zu machen oder Ihre intellektuelle Überlegenheit zu demonstrieren.

22. Erlauben Sie sich nie und nimmer, Ihre Zuhörer von oben herab zu behandeln. Zeigen Sie u-n-e-i-n-g-e-s-c-h-r-ä-n-k-t-e-n Respekt. Sie verdienen es! (Wer auch immer sie sind.)

23. Gehen Sie auf die Probleme Ihrer Zuhörer ein. Ihre Vorschläge/Ihre Stellungnahme sollte etwas enthalten, was sie ... persönlich ... angeht. Geschickte Spendensammler erzählen, dass sie »Spendern helfen, eine coole Investition in die Zukunft zu tätigen, damit sie sich gut fühlen«.

24. Suchen Sie Augenkontakt. (Leichter gesagt als getan.) Sie wenden sich jeweils immer nur an e-i-n-e Person. (Daran halte ich mich auch vor einem Publikum von Tausenden.) Sie sprechen nur zu e-i-n-e-m Mitmenschen.

25. Suchen Sie – mit den Augen – nach Unterstützern. Die lieben Sie bereits. Und ihre positive Körpersprache macht Sie ruhiger. (Das ist viel wert. Glauben Sie mir.)

26. Ignorieren Sie die meisten Standardregeln. Sie brauchen keinen spektakulären Anfang, um Ihr Publikum

»gefangen« zu nehmen. Auch keinen fulminanten Abschluss. Sie brauchen vier oder fünf klare Punkte, die Ihnen absolut am Herzen liegen, die Sie irgendwie und Stück für Stück in Ihren zehn oder 50 Minuten vermitteln.

27. Sie werden … so oder so … eine weitere Chance bekommen. Also setzen Sie sich nicht dem Druck des Jetzt-oder-nie aus. Das ist zu 94 Prozent unnötig.

28. Seien Sie zurückhaltend und bescheiden. Nichts ist abtörnender als Arroganz oder Eigenlob. (Al Gore zahlt immer noch für seine Behauptung, er sei der Erfinder des Internet.)

T.D.L./Persönliche Präsentation … aber bitte gekonnt!

1. Zuerst ein wenig ehrliche Selbsteinschätzung: **Wie steht es mit Ihrem Präsentationsgeschick? Seien Sie rücksichtsvoll, … aber ehrlich**.

2. Wenn die Antwort lautet: »der Hilfe bedürftig« – was auf 95 Prozent von uns zutrifft (99 Prozent?) –, dann beginnen Sie darüber nachzudenken, was Sie … AB SOFORT … tun können, um an diesem großen ICH-AG-Thema (Chance!) zu arbeiten.

3. Erwägen Sie Toastmasters. Oder irgendwelche anderen festen Kurse. (Das ist nicht einerlei. Schließlich steht Ihr Leben auf dem Spiel. Oder?)

4. Es lohnt sich, sich für dieses Thema ausreichend Zeit zu nehmen. In der ICH-AG-Welt versteht man hier keinen Spaß. Die Präsentation der Person ist ein Dauerbrenner, der ein eingehendes und engagiertes Studium verdient. ICH AG = eine Darbietung. ICH AG = eine Einheit für sich. Ich versuche nicht, aus Ihnen etwas zu machen, was Sie nicht sind. Ich bitte Sie, mir zu glauben, dass Sie Ihre Selbstdarstellung entscheidend verbessern können. Akzeptieren Sie, dass Sie ein Lernender sind – so wie das auch ein Judo-Anfänger tut. Die Präsentation Ihrer Person ist eine ehrenvolle Aufgabe, die Ihre ganze Konzentration und Hingabe verdient.

5. Laden Sie einen Schauspieler oder eine Schauspielerin von einer lokalen Theatertruppe zu einem »Arbeitsessen« mit Ihnen und Ihren Kollegen ein. Führen Sie ein Gespräch über die Kunst der Selbstdarstellung … und wie Sie Ihre Praxis verbessern können.

35.

ARBEITEN SIE AN IHREM OPTIMISMUS. (SCHWARZSEHER FINDEN SELTEN MITSTREITER.)

Der Kern

Ich verbreite ungeniert Enthusiasmus.

Benjamin Zander, Dirigent beim Boston Philharmonic Orchestra

Wenn du mies drauf bist, schaffst du es nicht bis zur Spitze. Wir können also genauso gut eine Party daraus machen.

Scott Fischer, vor einer Mount-Everest-Besteigung

Okay, Sie sind nicht immer Sonnenschein. Kein Problem. (Ich auch nicht. Vorsichtig ausgedrückt.)

Aber Sie täten gut daran, dem Rat von Tony Robbins zu folgen und Ihr Lächeln vor dem Spiegel zu trainieren. (Die Buddhisten erkannten dies lange vor Robbins: Lächeln allein wirkt schon entspannend.) Es ist eine Tatsache: Gute Laune gewinnt. Regt andere an. (Oder: Lächeln erzeugt Lächeln ... etc.)

Es fällt mir höllisch schwer, darüber zu reden. Und es ist verdammt persönlich. Ich bin ein eher schwermütiger Typ. Prozac-Benutzer. (Nicht zur Verbesserung der Leistungsfähigkeit, sondern um den latenten Grauschleier zu vertreiben.)

Ich werde Ihnen also niemals sagen: »Lächle und sei glücklich.« N-i-e-m-a-l-s.

Ich will Ihnen erzählen, was ich gelernt habe: Dass jene, die Optimismus und Selbstvertrauen ausstrahlen, andere ebenfalls zu Optimismus und Selbstvertrauen inspirieren.

Es werden keine Wunder von Ihnen erwartet. (Ich vollbringe selbst keine.) Aber ich habe gelernt, mich aufzurichten. Regelmäßig …

Vor dem Spiegel ein Lächeln zu üben. Vor der zweiten Tageshälfte meiner Präsentation ein frisches Hemd anzuziehen.

Gibt mir ein frisches Gefühl. (Sehr wichtig.) Meine täglichen Aerobic-Übungen zu machen. (Halte ich seit 278 Tagen durch!) In die Sonne – oder wenigstens an die frische Luft – zu kommen, wenn ich morgens unterwegs bin. Selbst wenn es nur zehn Minuten sind. (Oder fünf.) Während des Tages Streckpausen von 15 Minuten – oder wenigstens drei Minuten! – einzulegen. Sehr einfache meditative Atemübungen zu machen.

Dies ist keine Einführung in Zaubertricks. Was ich sagen will, ist, dass eine ICH AG mit einer positiven geistigen Einstellung, um den abgedroschenen Ausdruck zu verwenden, ihre Erfolgsaussichten verbessern kann. Es lohnt sich, daran zu arbeiten. Und es lässt sich daran **arbeiten**. Ich arbeite daran. Und es hilft. (Schauen Sie, wir alle haben Dämonen, Ängste und tragen unsere Last. Das Geheimnis liegt darin, sie in den Griff zu bekommen. Und wir alle tragen Optimismus, Gaben, Zuversicht in uns, … wir müssen nur Gebrauch davon machen.)

T.D.L./Angewandter Optimismus

1. Eine (erfolgreiche) ICH AG lächelt viel. ***Okay?*** Eine (erfolgreiche) ICH AG lacht viel. ***Okay?*** Also betrachten Sie angewandten Optimismus als eine … Kernkompetenz. Warum? **Er ist es!**

2. Führen Sie ein kleineres – oder ein größeres (es lohnt sich!) – »Selbsthilfeprogramm« durch. Lesen Sie dies und das. Besuchen Sie vielleicht einen Meditationskurs. Betrachten Sie es als ein »Problem«/eine »Chance«, die Sie »untersuchen«/an der Sie »arbeiten« können. Das geht. Finden Sie heraus, was Ihnen gut tut – ein strammer Spaziergang, ein Anruf bei einer alten verwitweten Tante, Vitamindrops, eine zehnminütige Sitzmassage, fünf Minuten Barfußlaufen – und praktizieren Sie es. Regelmäßig. Bedenken Sie: Was für den einen gut ist, hilft dem anderen noch lange nicht. Entscheidend ist herauszufinden, wie Sie Geist/Seele/Gemüt beleben können.

3. Wie üblich. Schließen Sie sich mit anderen zusammen. Bilden Sie eine Selbsthilfegruppe der Anonymen Grinser. Oder … erwägen Sie gar, einen Analytiker zu Rate zu ziehen (falls Sie eine depressive Veranlagung haben). Konsequente Arbeit am eigenen Selbstwert ist ein WOW!-Projekt erster Ordnung.

36.

JOB NR. 1 FÜR EINE ICH AG: ERNEUERUNG.

Ich bin jemand, der regelmäßig versucht, die Grundlage meines Plattenerfolgs beim Publikum zu zerstören. Das hält mich lebendig. Du zerstörst das zuvor Geschaffene und kannst frei weitermachen.

Neil Young

Der Kern

ERNEUERUNG.

JOB NR. 1.

PUNKT.

Große Firmen – von 3M bis P&G – leben von Forschung und Entwicklung. Sie sind jetzt ICH AG und möchten eine große Firma wie jede andere auch werden. Also … orientieren Sie sich an 3M … oder P&G. Denken Sie an Forschung und Entwicklung. Oder … Erneuerung. Seien Sie darauf fixiert. Tun Sie etwas.

J-e-d-e-n T-a-g.

Es ist ein Witz. Oder ein Paradox: Die Zeiten verlangen von uns, buchstäblich wie ein kopfloses Huhn herumzurennen. Und gleichzeitig fordern sie von uns Kreativität, die normalerweise das Ergebnis von Reflexion und persönlichem Wachstum ist. Entscheiden Sie sich.

Oder: Machen Sie beides. (Ich hasse solche diplomatischen Ratschläge. Aber hier sind sie angebracht. Der Trick besteht darin, den Trick herauszubekommen.)

Die gute Nachricht: Wenn Sie auf individuelle Entwicklung/Erneuerung eingestellt sind, können Sie den ganzen Trubel des täglichen Geschäfts praktisch in Entwicklungsimpulse verwandeln. Veronique Vienne, vollendete ICH AG und vorsätzliche Jobspringerin, die sich in der Modeindustrie betätigt, fasst es brillant zusammen: »Meine einzige ›Karrierestrategie‹ ist, dass ich plane, was ich aus jedem Job lernen kann.«

Jede Aufgabe – riesig oder winzig – sollte Ihren Horizont erweitern. Sonst ... verzichten Sie besser darauf! Dasselbe gilt für persönliche Erfahrungen außerhalb des Berufslebens. MEINE SACHE IST WACHSTUM. PUNKT.

DER GEIST DER ERNEUERUNG

Warum Erneuerung?
(Die folgenden Zitate stammen ... aus einem Artikel in *Glamour*, September 1998.)

* »Offenheit kultivieren.«/»Der Anfänger ist ... offen für alle Möglichkeiten.«

* »Ein besseres Leben führen.«/»Ausbildung bedeutet Verdienstmöglichkeit.«

* »Verborgene Leidenschaften entdecken.«/»Am Ende hatte sie einen zweiten ... Abschluss in Gartenbau und wechselte den Beruf.«

* »Hoffnung säen.«/»Erinnerst du dich, wie du im letzten Winter Snowboardfahren gelernt hast? ... Du fingst wacklig und zweifelnd an, aber bald wurdest du sicherer.«

* »Ein leistungsfähigeres Gehirn aufbauen.«/**»Die Bewältigung einer neuen Aufgabe ... erzeugt tatsächlich neue Nervensynapsen und Blutgefäße im Gehirn.«**

* »Deine Fähigkeiten zur Problemlösung und Entscheidungsfindung verbessern.«

* »Neue Leute kennen lernen.«

* »Den Trübsinn wegblasen.«(Merlin zu Arthur, laut T. H. White in *The Once and Future King*.) »Das Beste gegen Traurigkeit ist, etwas zu lernen. Das ist das Einzige, was niemals schief geht, das Einzige, was den Geist niemals erschöpfen, niemals entfremden, niemals quälen kann und weder Furcht noch Misstrauen noch Bedauern hinterlässt.«

* »Denn Leben ist eine Serie von Kursen, um das Gelernte aufzufrischen.«

* »Weil lernen so viel Spaß bringt.«

T.D.L./Erneuerung und persönliche Entwicklung als Job Nr. 1

1. Also was … **konkret** … haben Sie in der letzten Woche gelernt? (Bitte versuchen Sie, auf diese Frage zu antworten. Präzise. Bitte wiederholen Sie dies. Wöchentlich.)

2. Beinhaltet Ihr derzeitiges Projekt klare Lernziele … in Bezug auf Ihre Person? Wenigstens zwei oder drei. Nochmals: K-l-a-r. Wenn nicht … RESTRUKTURIEREN SIE ES … jetzt, selbst bei einem schon erreichten Stand von 75 Prozent, um Ihren Horizont zu erweitern. Messbar.

3. Machen Sie daraus einen … Mannschaftssport. Treffen Sie sich (informell?) mit Ihren Kollegen, um zu erörtern, was Sie Neues/Cooles aus diesem Projekt gelernt haben? *In den letzten zehn Tagen*? Wie können wir das

Projekt so umgestalten, dass es mit unseren Lernzielen harmoniert? *Präzise?*

4. Wie wär's mit einer Vertrauensperson in Sachen Erneuerung? (Ehepartner ist gut.) Arbeiten Sie mit ihm/ihr an einem möglichst umfassenden Wachstums-/Lernplan. (He, Pharmaunternehmen leben von massiven F&E-Injektionen ... oder sterben. Offensichtlich. Sie auch. Weniger offensichtlich. Ebenso sicher.)

5. Wie wär's mit einer größeren Version von Punkt 4 – einem »Erneuerungs-Club«, bestehend aus ... sagen wir, zehn von Ihnen. Aus unterschiedlichen Firmen. Schließen Sie ein ... **Abkommen über persönliche Entwicklung** ... und treffen Sie sich monatlich, mit eingeladenen Gastrednern, um an der Erweiterung Ihres Horizonts zu arbeiten. (Begreifen Sie es als regelmäßiges geistiges Aerobic.)

37.

UNVERZICHTBAR: EIN FORMELLER ERNEUERUNGS-INVESTITIONS-PLAN.

Ebenso wie finanzielle Sicherheit einen formellen Investitions-Plan voraussetzt, brauchen Sie, um persönlich/beruflich fit zu bleiben, einen Investitions-Plan im Hinblick auf Ihre Erneuerungen. (Karrieresicherheit = Erneuerungs-Investitionen. Hohe Sicherheit = Hohe Investitionen.) Merkmale eines Erneuerungs-Investitions-Plans:

* Formell
* Schriftlich
* Vierteljährlich aktualisiert
* Von Ihnen wöchentlich überprüft
* Von Zeit zu Zeit zusammen mit wichtigen Beratern/zuverlässigen Kollegen überprüft
* Neue Fähigkeiten (erweitern!)
* Neue Leute (Kontakte! Freaks!)
* Neue Projekte (erweitern!)
* Neue Entwicklungen außerhalb des Berufslebens (erweitern!)
* Wenigstens einen Punkt dem Lebenslauf hinzufügen (vierteljährlich)

Die grundlegende Botschaft hier: Die Last der formellen (»persönlichen«) Bewertung ist ... von der Organisation ... auf das Individuum übergegangen.

Sie beurteilen sich selbst.

Punkt.

Ungeheure Verantwortung. Ungeheure Chance.

Der Kern

FORMELL.

ERNEUERUNGS-INVESTITIONS-PLAN:

PUNKT.

Wir sind alle – ich, sicher! – **V.R.W.s**, d.h. »Vermögenswerte mit rascher Wertminderung«. – »Hübsch ausgedrückt, Tom«, werden Sie sagen. (Bestenfalls.) »Absoluter Ernst«, erwidere ich.

Wertminderung wird in der alten (materiellen ... erinnern Sie sich?) Welt der Unternehmen mit aggressiven Investitionen beantwortet.

Aggressives Investitionsverhalten beginnt mit einem ... Plan. Oder mit Blick auf Firma ICH: einem Erneuerungs-Investitions-Plan. (Einige Attribute davon sind oben aufgelistet.)

Langer Rede kurzer Sinn: Es gibt keine Entschuldigung für das Fehlen eines formellen, aggressiven E.I.P.s. (Fällt Ihnen eine ein?)

T.D.L./Planung von Erneuerungsinvestitionen

1. Eine ICH AG muss sich erneuern.

Dynamisch.

Aggressiv.

Planmäßig.

Also beginnen Sie ... diese Woche ... mit dem Entwurf eines ... **Investitionsplans für Ihre Erneuerungen**.

2. Beeilen Sie sich. (Es ist wichtig.) Lassen Sie sich genug Zeit. (Es ist ernst.) Das heißt, gehen Sie an die Arbeit, aber überlegen Sie. Einen Erneuerungs-Investitions-Plan schütteln Sie nicht innerhalb einer Stunde aus dem Ärmel.

3. Wie gewohnt (in diesem Buch ... und in dieser Reihe) geht es besser im Team. (DER WIDERSPRUCH: WIR SPRECHEN ÜBER EIN MEHR AN INDIVIDUALISMUS – ICH AG – WAS WIEDERUM EIN MEHR AN GEMEINSCHAFT ZUR UNTERSTÜTZUNG EINES SOLCHEN UNTER-NEHMENS-ABENTEUERS ERFORDERT.) Arbeiten Sie »daran« (E.I.P.) mit Arbeitskollegen. Oder mit verständnisvollen Mitstreitern.

4. Spiegelt Ihr persönlicher Investitionsplan alle oben erwähnten Kategorien wider (neue Fähigkeiten, neue Leute, neue Projekte, neue aufregende Entwicklungen außerhalb des Berufs)?

5. Laden Sie einen Investitionsplaner für Projekte ein, der zu Ihnen und Ihren Kollegen spricht. Oder einen persönlichen Finanzplaner. Thema: Die Elemente der Planung für eine Zukunft, in der ...

Wachstum Sicherheit bedeutet.

38.

LERNEN SIE VON ... JEDEM ... ÜBERALL ... JEDERZEIT. SEIEN SIE WIE EIN SCHWAMM FÜR COOLE IDEEN.

Der wichtigste Aspekt des Lernens ist der Appetit auf Neues. Winston Churchill

Er strebt permanent nach persönlicher Verbesserung. Er ist eine Lernmaschine.

Mike McCue, aus: Tell Me Networks, über Marc Andreessen, den Erfinder der Web-Suchmaschine und Chief Technology Officer bei AOL

Die von mir bevorzugten Mitmenschen (und ICH AGs) haben eines gemeinsam: Sie sind ... LEIDENSCHAFTLICH NEUGIERIG. Sie sind ... unersättlich ... ruhelos. Sie lernen von jedem und aus jeder Situation. Unbegrenztes Interesse ist ein (wichtiger) Bestandteil des ICH-AG-Erfolgs. Die großen professionellen Dienstleistungsanbieter zum Beispiel sind in der Lage, in jedes Projekt eine außergewöhnliche Bandbreite an Erfahrungen einzubringen.

Um Erfolg zu haben: **ICH AG = NEUGIER AG**.

Der Kern

Wirkliche Erneuerung = planmäßige, leidenschaftliche Neugier.

Eine 50er Liste innerhalb der TOP50:
TOP50 – Erneuerung

1. ***Gehen Sie in den nächsten Zeitungsladen.*** Jetzt. Nehmen Sie sich 20 Minuten Zeit. Suchen Sie sich 20 –

zwanzig! – Zeitschriften aus. Keine davon sollte zu denen gehören, die Sie normalerweise lesen. Verbringen Sie den Großteil eines Tages damit, in ihnen zu blättern. Reißen Sie das eine oder andere heraus. Machen Sie sich Notizen. Legen Sie Ordner an. Ziel: Erweitern Sie Ihren Horizont! Wiederholen Sie dies ... jeden Monat ... oder wenigstens jeden zweiten Monat.

2. ***Gehen Sie ins Internet***. Jetzt. Entspannen Sie sich. Folgen Sie Ihrer Laune! Besuchen Sie mindestens **15 Adressen**, die neu für Sie sind. Folgen Sie jedem Link, der Sie irgendwie interessiert. Markieren Sie einige der besten. Wiederholen Sie dies ... mindestens einmal pro Woche.

3. ***Nehmen Sie sich diesen Mittwochnachmittag frei***. Gehen Sie in das nächste Kaufhaus ... für zwei Stunden. Stellen Sie fest, was Ihnen gefällt. (Und missfällt.) Produkte, Werbung, was auch immer. Wiederholen Sie dies ... alle zwei Monate.

4. ***Kaufen Sie sich ein Päckchen Karteikarten***. Tragen Sie sie mit sich herum. Stets. Notieren Sie coole Sachen. Furchtbare Sachen. Täglich. Sichten Sie Ihren Kartenstapel jeden Sonntag. (Machen Sie daraus eine Gewohnheit!)

5. ***Ferien nächstes Jahr am gewohnten Ort?*** Warum nicht etwas Neues? Warum nicht eine dieser von Universitäten angebotenen 12-Tage-Exkursionen zu irgendwelchen seltsamen Naturphänomenen?

6. ***Ist das Projekt in eine Sackgasse geraten?*** Schauen Sie in Ihre Adresskartei. Wer ist der schrägste Typ? Rufen Sie sie/ihn an. Laden Sie sie/ihn zum Essen ein. Nehmen Sie ihren/seinen Kopf ein paar Stunden für Ihr Projekt in Anspruch.

7. *Entwickeln Sie eine neue Angewohnheit: Durchforsten Sie Ihre Adresskartei*. Einmal im Monat. Suchen Sie den Namen eines interessanten Ansprechpartners heraus, den Sie aus den Augen verloren haben. Gehen Sie mit ihr/ihm essen … in der nächsten Woche.

8. *Noch eine neue Angewohnheit:* Sie sind in einem Meeting. Jemand, den Sie nicht kennen, leistet einen interessanten Beitrag. Laden Sie ihn/sie zum Mittagessen ein … innerhalb der nächsten zwei Wochen.

9. *Sie treffen interessante Leute.* Fragen Sie sie/ihn beiläufig, was das Beste war, das sie/er in den letzten 90 Tagen gelesen hat. Bestellen Sie es bei Amazon.com … noch am gleichen Nachmittag.

10. *Nehmen Sie sich morgen Nachmittag frei.* Regen oder Sonnenschein. Machen Sie einen Spaziergang in einer Ecke der Stadt, die Sie noch nie zuvor erkundet haben.

11. *Gehen Sie in den nächsten Laden.* Kaufen Sie sich ein einfaches Notizbuch. Betiteln Sie es *Beobachtungen I*. Fangen Sie an aufzuschreiben. Jetzt. Alles und jedes. (Jetzt = **jetzt.**)

12. *Gehen Sie diesen Samstag aus?* Probieren Sie etwas Neues aus.

13. *Veranstalten Sie nächsten Sonntag ein Abendessen?* Laden Sie einen – **interessanten** – Menschen ein, den Sie niemals zuvor zu Gast hatten. Die Wahrscheinlichkeit ist groß, dass er/sie nicht annimmt. Na und? Versuchen Sie es. (Es ist wie Enzyklopädien verkaufen. An keiner Haustür geklingelt = nichts verkauft.)

14. *Gehen Sie zu einem Kiosk. Besorgen Sie sich das aktuelle Programm der örtlichen Volkshochschule.*

Blättern Sie es am selben Abend durch. Suchen Sie einige interessante Kurse und Themen heraus, über die Sie schon immer mehr wissen wollten. Rufen Sie die Kursleiterin an (mit etwas Detektivarbeit können Sie ihren Namen herausfinden). Wenn Sie neugierig geworden sind, melden Sie sich an und besuchen … wenigstens … die Einführungsveranstaltung.

15. ***Lesen Sie einen provokativen Artikel in einem Wirtschaftsjournal.*** Irgendwelche Ideen dazu? Schicken Sie dem Autor eine E-Mail. Was macht es, wenn Sie nie eine Antwort bekommen? (Die Wahrscheinlichkeit ist indes groß, dass Sie eine bekommen. Vertrauen Sie mir.)

16. ***Am Sonntag in der Kirche kündigt der Pfarrer eine neue Spendensammelaktion an.*** Natürlich sind Sie beschäftigt. (Wer nicht?) Gehen Sie zum Koordinationstreffen im Anschluss an den Gottesdienst. Tragen Sie sich als Helfer ein!

17. ***Sie arbeiten mit Ihrem 13-Jährigen an seinem naturwissenschaftlichen Schulprojekt.*** Es macht Ihnen Spaß. Gehen Sie mit in die Schule … und bieten Sie an, der Klasse etwas zu dem Thema zu erzählen.

18. ***Ein unliebsamer kleiner Job steht zur Disposition.*** Aber er gibt Ihnen die Gelegenheit, mit einer Gruppe von Leuten zusammenzuarbeiten, mit denen Sie nie zuvor gearbeitet haben. Nehmen Sie den Job an.

19. ***Ihnen gefällt ganz und gar nicht, was in der Schule Ihres Kindes abläuft.*** Bewerben Sie sich für den Elternbeirat.

20. ***Sie sind eigentlich nicht an einem Jobwechsel interessiert.*** Aber in der nächsten Stadt findet am Wochenende eine Jobbörse statt. Gehen Sie hin.

21. ***Ein alter College-Freund lädt Sie auf ein verlängertes Wochenende am See ein***. Sie machen so etwas nie. Fahren Sie hin.

22. ***Ein wirklich cooler Job in Übersee ist zu haben***. Er passt genau zu Ihren Fähigkeiten. Eigentlich gar nicht daran zu denken. Sie haben ein neunjähriges Kind, und Ihr Ehemann ist mit seiner Arbeit zufrieden. Rufen Sie wenigstens jemanden an … und bringen Sie mehr darüber in Erfahrung.

23. ***Sie sind auf der Überholspur***. Gleichzeitig bietet sich ein anderer faszinierender Job … weit weg. Sieht aus wie ein Umweg. Aber Sie könnten etwas wirklich Neues lernen. Etwas richtig Cooles. Gehen Sie hin und erkundigen Sie sich. (Jetzt.)

24. ***Ein Lehrer sucht Begleitpersonen für einen Ausflug von Achtklässlern ins Naturhistorische Museum***. Sie sind Partner in einer Anwaltskanzlei mit stolzen 350 000 US-Dollar Jahresgehalt. Melden Sie sich.

25. ***Sie fotografieren gern***. Besorgen Sie sich Informationsmaterial über einen viertägigen Foto-Workshop im nächsten Sommer. Besuchen Sie den Workshop.

26. ***Eine Freundin von Ihnen, Inhaberin eines kleinen Ladens, macht eine Einkaufsreise nach Thailand***. Sie lädt Sie ein, sie zu begleiten. Fliegen Sie mit.

27. ***Im Fernsehen gibt es in einer Stunde ein wichtiges Fußballspiel***. Vergessen Sie es. Machen Sie einen Spaziergang … Ihre Lieblingsrunde, die Sie seit einem Jahr nicht mehr gegangen sind.

28. ***Planung ist nicht meine Stärke***. Wie wär's jedoch, wenn Sie und Ihr Ehe-/Lebenspartner einmal eine

Liste von drei oder vier Dingen zusammenstellten, die Sie sich »immer schon mal gewünscht haben« ... und dann ein Konzept machen, wie Sie wenigstens eins davon in den nächsten neun Monaten verwirklichen könnten.

29. ***Sie haben sich immer gewünscht, Yucatan zu besuchen.*** Also erkundigen Sie sich wenigstens in einem Reisebüro. (Wie wär's mit jetzt gleich?)

30. ***Sie wissen, die Musik spielt an der »Kundenfront«.*** Widmen Sie sich einen Monat lang (zwei Tage in der Woche) einem selbst zusammengestellten Trainingsprogramm, das Sie mit allen Jobs »der vordersten Front« in einem Hotel/Einkaufszentrum bekannt macht.

31. ***Fragen Sie eine Mitarbeiterin aus dem mittleren Management, wer der/die motivierteste Angestellte im Haus ist.*** Gehen Sie mit ihm/ihr essen ... innerhalb der nächsten drei Wochen.

32. ***Ihnen fällt ein cooler Bericht in der Mitarbeiterzeitung auf. Rufen Sie den Verfasser an.*** Gehen Sie mit ihm/ihr essen. Morgen. Erfahren Sie mehr. (Wiederholen Sie solche Dinge.) (Regelmäßig.)

33. ***Sie sehen mit Ihrem Ehepartner am Samstag ein gutes Theaterstück.*** Rufen Sie am Montag die Direktorin des Theaters an und fragen Sie sie, ob Sie in den nächsten zwei Wochen einmal vorbeischauen und mit ihr plaudern können. (Wenn die Unterhaltung gut verläuft, bitten Sie sie, bei einem späteren »Arbeitsessen« ein paar Worte an Ihre 18 Kollegen aus der Buchhaltung zu richten.)

34. ***Führen Sie ein monatliches* »Arbeitsessen« *ein.*** Ermuntern Sie alle Ihre Kollegen, interessante Leute vorzuschlagen, die Sie dazu einladen können. Kriterium: »Ich hätte nicht erwartet, dass wir xy einladen.«

35. ***Melden Sie sich freiwillig für die Mitauswahl von Stellenbewerbern im nächsten Jahr/in den nächsten sechs Monaten***. Suchen Sie nach Eingaben/Bewerbungen aus Bereichen, mit denen der Betrieb bislang keine Erfahrung gemacht hat.

36. ***Erwägen Sie einen ... viermonatigen Bildungsurlaub***.

37. ***Stehen Sie von Ihrem Schreibtisch auf***. Jetzt. Gehen Sie zwei Stunden am Strand spazieren. In den Hügeln. Wo auch immer. Wiederholen Sie dies ... alle paar Wochen. (Jede Woche?)

38. ***Erwägen Sie ernsthaft, Ihrem Boss vorzuschlagen, dass Sie einen Tag in der Woche zu Hause arbeiten***.

39. ***Hängen Sie die Tür zu Ihrem Büro aus***.

40. ***Einige Ihrer Freunde lesen viel. Gründen Sie eine Lesegruppe, die sich jeden dritten Donnerstag trifft***. Behandeln Sie auch Themen, die entferntere Bereiche betreffen. (Laden Sie ab und zu einen interessanten Autor aus der Gegend zu sich ein.)

41. ***Treten Sie Toastmasters bei***. (Ich weiß, ich wiederhole mich. Es ist wichtig!)

42. ***Schreiben Sie einen Artikel für die Mitarbeiterzeitung***.

43. ***In den Ehemaligen-Mitteilungen lesen Sie über eine Studienfreundin, die beschlossen hat, etwas ganz Ausgefallenes aus ihrem Leben zu machen***. Rufen Sie sie an. Morgen. (Oder heute.)

44. ***Kaufen Sie das ungewöhnlich farbige Kleidungsstück, das Sie gestern gesehen haben.*** Tragen Sie es zur Arbeit. Morgen.

45. ***Entwickeln Sie eine Liste von Fragen, die Sie in Besprechungen verwenden können.*** »Können wir damit wirklich etwas bewirken?« »Wird sich nach zwei Jahren irgendwer an das erinnern, was wir hier machen?« »Können wir unseren Ehepartnern/Kindern von diesem Projekt vorschwärmen?«

46. ***Bewerten Sie jedes Projekt, das Sie vorschlagen, nach den Kriterien »WOW!«/»Ist es lohnend?«.***

47. ***Rufen Sie die wichtigste Kundin Ihres letzten Projekts an.*** Laden Sie sie zum Mittagessen ein. Innerhalb der nächsten zwei Wochen. Bitten Sie sie um ihre ehrliche Meinung zu dem, was Sie und Ihr Team geleistet haben … oder hätten leisten können.

Jetzt.

48. ***Rufen Sie den gelehrtesten Menschen an, den Sie kennen.*** (Eine wunderbare Professorin, bei der Sie vor 15 Jahren studiert haben?) Bitten Sie sie zum Essen. Fragen Sie sie, ob sie bereit ist, sich alle Vierteljahre mit Ihnen ein paar Stunden hinzusetzen und über das zu sprechen, was Sie gemacht haben und gegenwärtig machen. (Versuchen Sie es. Es kann nicht schaden.)

49. ***Werden Sie eine Pfadfinderführerin.*** Oder leiten Sie in der Schule Ihrer Kinder die Theatergruppe. Die Idee: Verbringen Sie mehr Zeit mit Kindern … sie sind faszinierend … spontan … und weise.

50. ***Bauen Sie eine riesige Sandburg!***

T.D.L./Fangen Sie an mit der Erneuerung!

1. Betrachten Sie obige 50er-Liste (innerhalb einer 50er-Liste!). **Wählen Sie 10 Punkte aus**. Jetzt. Fangen Sie an.

2. Machen Sie daraus (mal wieder) eine Teamaufgabe ... mit Kollegen/Freunden/Mitarbeitern, die ... »es kapiert haben«.

38a.

ZWISCHENSCHRITTE ZUM ERFOLG DER ICH AG: LERNEN SIE DAS PLATEAU ZU SCHÄTZEN. (SIE TRETEN GELEGENTLICH AUF DER STELLE.)

Der Kern

George Leonards wunderbares Buch *Mastery* ist eine hervorragende Abhandlung zum Thema »wie werde ich auf einem Gebiet richtig gut.« Vieles darin mag ich. (Eigentlich alles.) Aber eine Botschaft hat es mir ganz besonders angetan: Lerne das Plateau zu schätzen.

Leonard gelingt es – wie nur wenigen – klar zu machen, dass »Lernen« und »Meisterschaft« nicht durch einen gemütlichen Spaziergang auf einem sanft und gleichmäßig ansteigenden Weg zu erreichen sind. (Egal, wie hart man arbeitet.) Sie bringen etwas zustande: Sie starten ein brillantes Trainingsprogramm. Und dann geraten Sie in eine Sackgasse. (Gründlich.) Oder Sie erleiden sogar einen Rückschlag. Für Leonard ist das absolut normal! Wir verbessern uns auf stete Weise. Wir arbeiten wie wild. Wir haben einen guten Tag – den Durchbruch! (Oder vielleicht zwei gute Tage.) Dann kommen wir ins Rutschen. Und »hängen fest« auf einem Plateau, während die Lektion allmählich in unser Unterbewusstsein dringt. Das kann Monate dauern. (Oder Jahre.) Und dann »begreifen wir es«, ... und diese Erkenntnis wird zu einem Antrieb. Und irgendwann ..., wenn wir (einmal mehr) wie wild arbeiten, ... machen wir wieder einen Sprung nach oben.

Der Punkt: Wir verbringen den größten Teil unseres Lebens auf so einem Plateau. Das kann manchmal bedrückend sein. Aber es ist die Grundlage für (langfristige) Leistungsverbesserung/Meisterschaft.

Da das Plateau die Norm ist, rät Leonard, sich mit ihm anzufreunden, statt es zu bekämpfen.

Das heißt: Machen Sie sich nicht verrückt, wenn Sie mal einen langsamen Tag (Woche, Monat) haben. Machen Sie sich klar, dass sich viele wertvolle Dinge unter der Oberfläche abspielen. Kopf und Körper integrieren neue Informationen/Reaktionen/Fähigkeiten in ihr System. Seien Sie nachsichtig mit sich selbst, wenn Sie sich auf einem Plateau befinden. (Achtung: Dies ist nicht als Lizenz zum Zeitverschwenden zu interpretieren.)

Die große Idee:

Wir – ICH AG – sind notgedrungen auf einer langen, oft anstrengenden Reise mit dem Ziel Meisterschaft (– wie wir hoffen!).

Diese Reise ist die Mühe wert. Holperig, unberechenbar, häufiger bergab als bergauf führend. Aber wir haben ... offensichtlich ... keine Alternative, wenn wir wollen, dass unsere Arbeit Sinn macht.

T.D.L./Das Plateau schätzen!

1. **Studieren Sie ernsthaft den Prozess des Lernens/Wachsens/Meisterns!** (Das tun nur wenige. Daran muss sich etwas ändern, wenn wir wollen, dass das Bemühen um Meisterleistung zur Norm wird. Und das muss es für … die ICH AG.) Lesen Sie/inhalieren Sie als erstes George Leonards *Mastery*. (Das Buch hat mein Leben verändert.)

2. Treffen Sie sich mit lokalen Profigrößen – Küchenchefs, Architekten, Professoren, Chirurgen. Sprechen Sie mit ihnen über ihren Weg zur Meisterschaft. Lernen Sie, wenn Sie können, aus ihren Erfahrungen. Werden Sie ein objektiver Beobachter Ihres eigenen Lernpfads … und verwenden Sie die neuen Erkenntnisse hinsichtlich Ihres Entwicklungswegs zum Beispiel dafür, Ihre ausgewählten Projekte und Erneuerungsziele zu managen.

39.

SICHERN SIE SICH UNTERSTÜTZUNG: EINE ICH AG BRAUCHT EINEN AUFSICHTSRAT. (KEIN SCHERZ.)

ICH AG (selbst wenn Sie noch auf der Gehaltsliste eines Unternehmens stehen) = Sie sind auf sich allein gestellt. Wenigstens psychologisch. Großartig! Und doch nicht so großartig. ICH AG braucht verlässliche Freunde. Ich empfehle Ihnen sogar ein informelles – oder halbformelles – Aufsichtsgremium. Das heißt, zwei bis fünf Leute, vor denen Sie Hochachtung haben, mit denen Sie sich vierteljährlich zusammensetzen können, um – eher formell – Ihre Fortschritte und Pläne und Fehlschläge zu erörtern. An die Sie sich wenden können, wenn Sie sich mit Ihrem aufregenden Projekt beim »Establishment« die Finger verbrennen. (Worauf Sie wetten können, wenn Ihr Projekt gut ist.)

Der Kern

Jedes lohnende Unternehmen beruht ein Stück weit auf Piraterie (zumindest am Anfang). Das kennt jeder. Klar, dass sich das Establishment herausgefordert fühlt. Also wehren Sie sich gegen das Establishment … mithilfe … des Establishments.

Stellen Sie Ihr eigenes Berater-/Aufsichtsgremium zusammen. Respektable Mitverschwörer, die Ihren Aufstand unterstützen. KURZ: SIE BRAUCHEN DECKUNG, WENN SIE WIRKLICH COOLE SACHEN ANSTELLEN WOLLEN.

Ich hatte ein super-»cooles« Projekt bei einer großen Adresse … McKinsey & Co. (Heimat des Ultrakonservativismus.) Kein Zweifel: Die Fähigkeit, weit über die respektierten Grenzen hinaus zu gehen, hatte ich meiner Deckung zu verdanken, den geheimen Renegaten, die zu unseren Sitzungen kamen und uns früh Respektabilität verschafften.

Botschaft:

Alle Revolutionäre brauchen »respektable Deckung«. Und die Weisheit der Älteren, auf die sie sich verlassen können.

Also suchen und pflegen Sie den Kontakt mit Gleichgesinnten, die weiter oben auf der Leiter stehen als Sie. Das erfordert viel Einsatz, ist aber die Mühe wert. (Hinweis: Appellieren Sie an ihren Altruismus ... und ihr Eigeninteresse.)

T.D.L./»Offizielle« Berater = ein Muss

1. Sie sind auf einer Mission. Die Expedition der ICH AG ins Reich der coolen Dinge. Vertrauen Sie mir: Sie **brauchen** eine »respektable Deckung«, das heißt ein Berater-/Aufsichtsgremium. (Wenigstens informell.) Also: **(1)** Erkennen Sie die Notwendigkeit. **(2)** Suchen Sie Kontakte. **(3)** Pflegen Sie sie. **(4)** Machen Sie Gebrauch von ihnen. **(5)** Ermutigen Sie sie, von Ihnen Gebrauch zu machen.

2. Gute Nachricht: Meiner Erfahrung nach gibt es im »Establishment« immer ein paar heimliche Renegaten. Sie brauchen Sie ebenso wie Sie sie! Sie bewundern Ihre Tatkraft. Und durch Sie erleben sie noch einmal ihre eigene Piratenjugend. Und: Als Mentor jungen Piraten zu helfen, ist für sie ein anregendes Betätigungsfeld. Also: Rekrutieren Sie sie! Ungeniert! Das heißt: Fangen Sie heute an. Planen Sie ein paar Arbeitsessen in den nächsten zwei Wochen mit, sagen wir, früheren Bossen, die an Ihrer forschen Art Gefallen gefunden haben.

3. Sobald »das Gremium« beisammen ist, planen Sie regelmäßige Treffen mit jedem Mitglied. Tun Sie alles, um sie über sich auf dem Laufenden zu halten. Und: Scheuen Sie sich nicht, ihren Rat zu suchen, wenn Sie in Not oder Verlegenheit sind – schließlich ist das der Zweck der Übung!

40.

DIE ICH AG LERNT AN VORDERSTER FRONT. DIE BOTSCHAFT: HALTEN SIE ENGEN KONTAKT MIT DEN »RICHTIGEN« LEUTEN.

Gewiefte Unternehmensberater gehen schnurstracks an die vorderste Front, um sich von allen Einzelheiten ein authentisches Bild zu machen. Von jedem Problem. Von jedem Prozess. **Machen Sie sich diese Gewohnheit zu Eigen**. Halten Sie sich einen umfassenden Stab von Mitarbeitern der »vordersten Linie«, die ihre Hand am Puls der Organisation haben und von denen Sie die Ergebnisse Ihres Wirkens aus direkter Quelle erfahren.

Der Kern

Sämtliche Bosse haben den Kontakt zur Basis verloren. Selbst die besten von ihnen. Das sind gute Nachrichten für ICH AG. (Und für mich ... bis auf den heutigen Tag.)

Der Analyst/Problemlöser, der fest entschlossen ist, ständig direkten Kontakt zu den Leuten der vordersten Linie zu halten, ist der »Konkurrenz« stets – **!!!** – zehn volle Schritte voraus.

Bis heute ist dies das bestgehütete Geschäftsgeheimnis. (Warum? Schlagen Sie mich!) Wer den Leuten, die die Arbeit tun, am nächsten ist, gewinnt. Nahezu ohne Ausnahme.

Nicht, dass »sie« (an der »Front«) die Weisheit gepachtet haben (obwohl sie »unmittelbar« an der Quelle sitzen), oder dass Manager besonders »dumm« sind (obwohl sie besonders »weit ab vom Geschehen« sind.) Es ist nur, dass »ihre« Informationen (die der Mitarbeiter in vorderster Linie) ungefiltert … frisch … real sind. (Wir alle wissen, was mit Informationen geschieht, die durch die Schichten einer Organisation nach oben dringen. Selbst in den »besten« Firmen werden sie verwässert und/oder geschönt, um ihre Übermittler in besserem Licht erscheinen zu lassen. Und auch, wenn es keine böse Absicht ist, werden sie durch Wiederholung hoffnungslos entstellt.)

Wie ich es sehe:

ICH-AG-Nirvana =
ungefilterte Information.

Für mich ist dies eine 33 Jahre alte Angewohnheit, die noch aus meiner Zeit als junger Marineoffizier 1966 in Vietnam stammt: Wahrheitsgetreue Informationen bekommt man im Schützengraben. Einseitige Information? Ja! (Wir alle sind einseitig!) Aber … begeben Sie sich vor Ort. Immer wieder. Absorbieren Sie. Reflektieren Sie. Machen Sie Gebrauch davon. (Punkt.)

ICH HABE ES NICHT VERGESSEN. Und meine besten Mentoren von McKinsey & Co. haben mir die Lektion noch einmal beigebracht: Der »verhutzelte alte Mann mit den Schatten unter den Augen«, der dem Problem/Umstand/Geschehen am nächsten ist, hat auch die klarste Vorstellung davon. (Was Wunder.) (Aber noch einmal: Wenn das »kein Wunder« ist, warum suchen dann nur wenige konsequent die Nähe zu den Leuten »vor Ort«?)

ICH AG der Zukunft:

Begeben Sie sich vor Ort.

Hören Sie zu. **HÖREN SIE ZU**. Lernen Sie. **LERNEN SIE**. Knüpfen Sie Kontakte. Gründen Sie so etwas wie eine

»Universität der vordersten Front«. Und profitieren Sie reichlich davon. Es ist tatsächlich … so einfach.

(**Cooler Nebeneffekt**: Sie treffen nette Leute, die Ihr Interesse wirklich zu schätzen wissen. Denen das nicht egal ist. Und die **25 Jahre** auf jemanden wie Sie – einen Zuhörer – gewartet haben. Manchmal … im wahrsten Sinne des Wortes.)

T.D.L./ Lernen an der vordersten Front

1. Im Hinblick auf Ihr aktuelles Projekt: Haben Sie Kontakt gehabt/*gelebt mit* den Leuten vor Ort, die davon betroffen waren? (*Machen Sie mir/sich bitte nichts vor.*)

2. Werfen Sie einen Blick auf den Kalender für die nächste Woche. Sind intensive Kontakte/Beobachtungen in vorderster Linie darin vorgesehen? (Wieder: *Machen Sie sich nichts vor.*)

3. Haben Sie brauchbare, formelle »Berater« aus der vordersten Linie in Ihrem zentralen Projektteam? (Wenn nicht, warum nicht? Wenn nicht, was gedenken Sie diesbezüglich zu tun … **sofort?**)

4. Haben Sie all Ihren Teamkollegen klar gemacht, wie wichtig die Nähe zur Basis ist, das heißt sie darauf gedrillt? (Immer wieder … und wieder … und wieder.)

5. Ist dieser Anspruch Teil Ihrer Projektkultur? (Wenn ja, … sind Sie sicher? *Ganz* sicher?)

41.

»JAGEN« SIE COOLE TYPEN. EINE ICH AG IST STÄNDIG AUF TALENTSUCHE.

Sie sind der CEO der ICH AG, … einer durch und durch modernen »virtuellen Organisation«. Der Aufbau – Erweiterung und Pflege – Ihres Netzwerks hat oberste Priorität. Mit 23 oder mit 53. Halten Sie sich an Rituale: Blättern Sie zum Beispiel regelmäßig in Ihrer Adresskartei … **jede zweite Woche** … und rufen Sie ein paar Leute an, von denen Sie länger nichts gehört haben. **Halten Sie sich, sagen wir, eisern jeden zweiten Mittwoch frei, um jemanden aus Ihrer Adresskartei zum Mittagessen auszuführen.** (»Rolodex-Mittwoch«?) Entwickeln Sie ein Auge für Talente, für gut gemachte Jobs, für WOW!-Qualität. Finden Sie heraus, wer verantwortlich ist. Nehmen Sie diese Leute in Ihr virtuelles (oder reales) Team auf.

Der Kern

Erweitern Sie!

Erweitern Sie!

Erweitern Sie!

Erweitern Sie!

Das ist für Nike eine Selbstverständlichkeit.

Für Gap.

Für AOL.

Für Charles Schwab.

Also … auch … für mich … und Sie. (Hoffe ich.)

Und: Virtuelle »Erweiterung« = Netzwerkerweiterung = Talentsuche.

Ein großartiges Projekt bei McKinsey & Co. veränderte mein Leben. (Mit Sicherheit.) Und das der Firma. (Wie sich herausstellte.) Es war ein unbequemes Projekt, das am Status quo rüttelte. Die Alteingesessenen drückten sich davor. (Gelinde gesagt.) Und somit zog ich los und suchte unkonventionelle Typen. Heißsporne (Talente.), in denen dasselbe Feuer brannte wie in mir.

Wir gingen unserer eigenen Wege. Wir folgten unserem eigenen Rhythmus und Maßstab. Einer unserer »Neulinge«, Rajat Gupta, wurde 1994 Managing Director des gesamten Unternehmens. 17 Jahre nachdem mein »kleines« Projekt begonnen hatte, 16 Jahre nachdem er dazugestoßen war, und 13 Jahre nachdem ich die Firma verlassen hatte. (Ich wurde gefeuert!)

Ich wiederhole (laut!): »Talentsuche« ist nicht den großen alten Herren vorbehalten. Ich war – bei McKinsey – auf Talentsuche, als ich noch ... blutjung war. Überhaupt ist der Aufbau eines Netzwerks von coolen, gleichgesinnten Mitstreitern nicht notwendigerweise Sache der älteren Herrschaften!

(Betrachten Sie die Amerikanische Revolution ... oder auch nahezu jede andere politische oder wissenschaftliche Revolution. Die echten Umstürzler sind selten über **30**.)

T.D.L./Jagd auf Coole Typen

1. Seien Sie **stets** (groß geschrieben) auf der Suche nach Talenten. Coole Typen, mit denen Sie sich treffen ... verschwören ... von denen Sie lernen können. Jedes Mal, wenn Sie jemand Coolem begegnen ... rekrutieren Sie ihn/sie. (Denken Sie an Che Guevara.)

2. ALTER SPIELT KEINE ROLLE. Dies ist ebenso eine Strategie für »machtlose« 24-Jährige wie für gestandene 44-Jährige. Refrain: **SONDERLINGE/PIRATEN REKRUTIEREN = ICH AG**. (Täglich. Kein Scherz.)

3. Setzen Sie dies immer wieder »auf die Tagesordnung«. Wenig – *nichts?* – ist wichtiger. Ist das »Opportunismus«? Sicher! Aber auch das Ergebnis eines planvollen Vorgehens ... oder zumindest einer ständigen Aufmerksamkeit ... für lauernde coole Typen, mit denen ich wundervolle/WOW!-Musik machen kann.

4. Sammeln Sie für den zukünftigen Bedarf. Diese Idee geht weit über das Füllen von personellen Lücken in der gegenwärtigen Projektstruktur hinaus. Die Idee: Sie halten ständig Ausschau nach Talenten. Finden Sie sie. Verpflichten Sie sie. Das heißt, »verpflichten« Sie den neuen, coolen Typen für eine kleine Tätigkeit, irgendetwas. Jetzt. Setzen Sie sie/ihn »auf die Liste« der Mitteilungen und Zusammenkünfte Ihres (formellen oder informellen) Clubs der coolen Typen. Diese instinktive und permanente Talentsuche bewährt sich spätestens, wenn Sie unerwartet jemanden für Ihr Team brauchen.

42.

SCHAFFEN SIE IHR EIGENES, COOLES UNTERNEHMEN: ICH & CO. – SELBST, WENN SIE JUNG UND OHNE VERANTWORTUNG SIND UND AUF EINER GEHALTSLISTE STEHEN.

Der Kern

Hermann Millers legendärer Boss Max DePree sagt, eine Organisation müsse folgende Merkmale aufweisen:

* Aufrichtigkeit
* Erreichbarkeit
* Disziplin
* Verantwortlichkeit
* Fürsorglichkeit gegenüber Mitarbeitern
* Authentizität
* Gerechtigkeit
* Respekt
* Hoffnung
* Gemeinsamkeit
* Toleranz

Das ist gewiss gut für GE, aber ich behaupte, es gilt für jede ICH AG. Wieder: Sie sind CEO der ICH AG. Ihre virtuelle Organisation kann versuchen, so großartig zu sein wie … Hermann Miller. (WARUM NICHT?)

Ich nehme ICH AG ernst. Ich hoffe, Sie ebenfalls. »Sie« ist eine ... Gelegenheit ohnegleichen, ... auszudrücken, wer wir sind... als Menschen.

ICH AG ist ein »Unternehmen«. Mit Kunden. Mit Vertragspartnern. Und anderem Publikum. Sie hat einen – wie auch immer gelagerten – »Charakter«. Meiner Ansicht nach – und Ihrer? – hat sie, genauso wie Charles Schwab oder Intel, eine Unternehmenskultur. Das heißt, sie »steht für« ... *e-t-w-a-s*.

Warum also nicht dieses Etwas – à la Max DePree – zu **e**twas **G**roßartigem machen?

T.D.L./Die wirklich coolen Eigenschaften ... der ICH AG

1. Hat Ihre ICH AG ein »Mission Statement«? Wenn nicht ... warum nicht? **(???!!!)** Fangen Sie an, ein solches zu skizzieren ... jetzt. Überstürzen Sie es nicht. Machen Sie sich umfassende Gedanken dazu. Aber fangen Sie an. ... JETZT.

2. Wonach strebt ICH AG? Auch hier: Nichts überstürzen. Keine Schlagworte. Denken Sie daran ... es ist Ihr Leben.

3. *Wie gewohnt: Führen Sie diese Übung mit verwandten Seelen durch. Der Stoff ist persönlich, aber er handelt auch von einer Gemeinschaft Gleichgesinnter, die dieselben wichtigen Werte teilen.*

43.

ICH AG = FÜHRUNGSKOMPETENZ … JEDERZEIT. (»FÜHRUNG« HAT NICHTS MIT FORMALER POSITION ZU TUN. PUNKT.)

Ich schrieb einmal eine Kolumne über meine persönliche »Hall of Fame«, ein Dutzend Leute, die ich gut kenne und in höchstem Maß bewundere. (Die meisten sind keine »Berühmtheiten« … außer vielleicht in meinen Augen.) Meine Liste ihrer charakteristischen Eigenschaften lautet folgendermaßen:

* *Eigenerfindung*

* *Wandlungsfähig* … bereit, mit der eigenen Identität zu spielen

* *Gezeichnet* … wer das Spiel des Lebens ernst nimmt, bekommt notgedrungen Kratzer und sogar den einen oder anderen Hieb ab

* *Neugierig* … bis zum Gehtnichtmehr

* *Naiv wie ein Kind* … mit einem Erkundungsdrang, der an Vierjährige erinnert.

* *Unbelastet von Vergangenheit*

* *Vertraut* … mit der Vorstellung vom Leben als einem beweglichen Ziel

* *Mit Sinn für Humor* … alle lachen sie … viel

* *Wagemutig* … wenn nicht gar ein bisschen verrückt

* *Unorthodox* … nur froh, wenn sie konventionelle Denkweisen mehr oder weniger hinter sich lassen können

* *Multidimensional* ... mit ebenso viel Lastern wie Tugenden ausgestattet

* *Ehrlich* ... und irritiert, wie alle wirklich ehrlichen Menschen

* *Überlebensgroß* ... obwohl häufig in kleine Alltagsdinge verstrickt, malen sie alle ihr Gemälde in kühnen, farbigen Strichen; sie stürzen sich in den Trubel des Lebens ... anstatt vor ihm zurückzuschrecken

Diese kolossalen Eigenschaften können auf einen 21-Jährigen genauso gut angewendet werden wie auf einen 51-Jährigen.

Der Kern

ICH-AG-Aspiranten nehmen das Leben selbst in die Hand. (Die Anti-Dilbert-Gang**!!!**) Sie sind keine Traumtänzer. Sie sind ... im besten Sinn ... Herr (Frau) ihrer selbst. Sie wissen, dass BIG & Co nicht von der Wiege (mit 21) bis zur Bahre (mit 65) für sie sorgen wird. Sie wissen, dass alles abhängt von ...

* ihren Fähigkeiten

* ihrer Einzigartigkeit

* ihrem Netzwerk/Adressbuch

* ihren Projekten (WOW!-Projekten)

* ihrem Wachstum

Eine ICH AG – ob mit 21 oder 51 – tritt als **Führungspersönlichkeit** auf. Selbst wenn ihr niemand »unterstellt« ist (offiziell). (P.S.: Keinem Revolutionsführer war – jemals – jemand »offiziell« unterstellt. DENKEN SIE DARÜBER

NACH.) Das heißt, sie bereitet durch ihre Unabhängigkeit, Unbekümmertheit und Kompetenz »den Weg«, wie mein Kollege (und Leadership-Guru) Jim Kouzes sagt.

Kurz, eine ICH AG führt. Sie gibt die Marschrichtung vor, ... **verbreitet ansteckenden Enthusiasmus**, ohne Rücksicht auf die Umstände (große oder kleine Projekte ... imposante oder nichtssagende Jobtitel).

T.D.L./Führungskompetenz!

1. ICH AG = **Führungskompetenz**. Richtig? Wenn das so ist, was bedeutet es ... präzise ... für Sie? In Bezug auf Ihr gegenwärtiges Projekt? Ihre nächste Sitzung (in 45 Minuten)?

2. Gehen Sie die Eigenschaften der Mitglieder Ihrer persönlichen Hall of Fame durch. Bewerten Sie sich selbst nach diesen – oder ähnlichen – Kategorien. Treffen Sie sich mit einigen engen Kollegen und besprechen Sie mit ihnen jeden Punkt. Scheinen Ihnen diese Eigenschaften erstrebenswert zu sein? Wählen Sie ein oder zwei Punkte aus der Liste. Entwerfen Sie – *mit Bezug zu Ihrem aktuellen Projekt* – konkrete Schritte, wie Sie sich diese Attribute zu Eigen machen können.

3. Lernen Sie zum Thema Führungskompetenz. Welche Führungspersönlichkeiten bewundern Sie? Warum? (Seien Sie **sehr** konkret. Listen Sie **25** Merkmale von Führungskompetenz auf, wichtige und – mehr noch – weniger wichtige.) Wie können Sie – auf die eine oder andere Weise – jeden Tag einige dieser Eigenschaften übernehmen? (Seien Sie wieder ... konkret. Sehr. Und praxisbezogen. Sehr.)

4. Vergessen Sie Ihren offiziellen »Jobtitel«. Und Ihre »offizielle« Rolle im Projekt. Und ... Ihr Alter. Führungskompetenz ist zu 95 Prozent eine Frage von Einstellung, Willen, Entschlossenheit, Energie, Enthusiasmus und Einfühlungsvermögen. Deshalb: Überprüfen Sie Ihre »Einstellung« vor der Arbeit ... mittags ... nachmittags. Entwickeln Sie ein »Gespür« für den Enthusiasmus, den Sie verbreiten oder nicht verbreiten. Das ist wichtig. Wenn Sie darauf achten, können Sie Ihre Wirkung in der Praxis stark beeinflussen. (Sprechen Sie darüber, zum Beispiel mit einem Sportpsychologen.)

44.

MACHT GEHÖRT DAZU: GROSSE DINGE LASSEN SICH NUR MIT GROSSEM POLITISCHEN GESCHICK ERREICHEN.

Der Kern

1. Macht.
2. Anstößiges Wort.
3. Ist es nicht.
4. ICH AG-»Freak« = Leistungs-»Freak«.
5. Deshalb: Power = gut.
6. Deshalb: Effektive ICH AG = Power-Freak.

Kommen wir von unserem hohen Ross bezüglich … MACHT herunter! Das Böse. Stalin. Ja! Mao. Ja! Hitler. Ja!

Aber andererseits auch: Churchill … und Roosevelt … und Gandhi … und M. L. King. Machtfanatiker. Allesamt.

Das heißt nichts anderes, als … entschlossen Dinge zu verwirklichen. Was nur möglich ist, wenn Sie … die Vorstellung anderer Menschen darüber verändern, was machbar ist. Russische Leibeigene (Lenin). Afro-Amerikaner (M. L. King, Jr.).

1. ICH AG = will etwas bewirken.
2. ICH AG = »Macht« anerkennen.
3. ICH AG = Macht als Mittel zum Zweck einsetzen.

Sie brauchen kein Egomane zu sein. Meistens. Aber erfolgreiche »Change Agents« haben ein gesteigertes Vorstellungsvermögen dessen, was möglich ist. (Wären sie »vernünftig«, fänden sie morgens niemals aus dem Bett, um gegen alle Widrigkeiten anzukämpfen.) Zum Beispiel vor 20 Jahren die Idee, der Spinner Bill Gates könnte einmal die Allmacht von IBM brechen.

Aber sie behalten solche Ideen – meistens – für sich, wenn sie klug sind. Sie brauchen kein Einsiedler zu werden. Meistens. (Erfolgreiche Change Agents sind wenig aufgeschlossen in Bezug auf ihre Leitvision.)

Das Denken der Menschen zu verändern, erfordert ausreichend Willen und Kraft. Das heißt: SIE MÜSSEN an den Wert Ihrer Mission ... GLAUBEN – davon besessen sein.

Alles, was ich hier will, ist ... Sie davon zu überzeugen, dass »Macht« nichts »Schmutziges« ist. Jeder, der Erfolg hat, freundet sich mit ihr an, ob er will oder nicht.

T.D.L./Machtspiele

1. Sehen Sie den Tatsachen ins Auge. Obwohl Sie als ICH-AG-Neuling natürlich nett und gewinnend sind, haben Sie einen Standpunkt ... eine Mission (Ihr WOW!-Projekt). Ihr Geschäft ist es deshalb, ... Denkweisen zu verändern.

Deshalb ist ... Macht ... ein unverzichtbarer Bestandteil der ICH AG. Okay?

2. Also ... **lernen Sie** ... »Politik«. **Lernen Sie,** Gemeinschaft zu »organisieren«. (Siehe zum Beispiel *Rules for Radicals*; dt.: *Die Stunde der Radikalen* und *Reveille for Radicals*; dt.: *Leidenschaft für den Nächsten* von Saul Alinsky.) **Lernen Sie**, andere zu beeinflussen. (Beginnen Sie mit Bob Cialdinis brillantem Buch *Influence*; dt.: *Die Psychologie des Überzeugens*.)

3. Seien Sie kein Blindgänger! Oder besser: **Tun Sie nicht so, als stünden Sie »über der Politik«**. Oder ... als sei Macht »nicht Ihr Ding«. Niemand bringt etwas Wesentliches zustande, wenn er »über der Politik« steht oder die Feinheiten des Machtspiels ignoriert.

4. Machen Sie sich systematisch Gedanken über die Grundlagen Ihrer Macht: Wovon leitet sie sich ab? (Überragende Kompetenz in irgendeinem Bereich? Außergewöhnliche Rednerbegabung? Weltklasse im Kooperieren? Brillanz im Aufspüren von Talenten? Eine Extraportion Einfühlungsvermögen?) Wie (genau) können Sie das Denken von Menschen verändern?

5. Wir werden eine Menge mehr darüber zu sagen haben in unserem geplanten Buch *TOP50 – Power + Implementation*. (Die Darlegung unserer Sicht von Macht verdient ein eigenes Buch in der Reihe *Arbeit neu erfinden*!)

45.

ICH AG BRAUCHT EINE FORMELLE MARKETINGSTRATEGIE.

Die Menschen müssen von Ihrer Arbeit/Ihrem Projekt schwärmen, ... wenn Sie als ICH AG erfolgreich sein wollen. Vergessen Sie die Vorstellung: Wenn Sie es gut machen, werden sie kommen! Natürlich, ... gute Arbeit geht vor. Aber Sie müssen sie auch unters Volk bringen, Referenzen sammeln und bewusst ... B-e-g-e-i-s-t-e-r-u-n-g erzeugen.

Der Kern

ICH AG = gekonntes Marketing.

Nein, Sie brauchen nicht so gut zu sein wie Martha Stewart oder Michael Jordan. Aber Sie dürfen Marketing nicht als etwas abtun, das nur »hartgesottene Geschäftsleute, die M&Ms verkaufen«, betrifft.

1. »Marketing« = »Aura« (um Tom Peters oder Joan Doaks)

2. Marketing = »Bekannt für«

3. Marketing = Image

4. Marketing = Menschen reden/schwärmen von Ihrer ICH AG

Die große Idee für Sie – und mich! – ebenso wie für Pepsi: »WENN DU ES GUT MACHST, WERDEN SIE KOMMEN« ... IST ALS MARKETINGSTRATEGIE TÖDLICH.

MARKETING =
AKTIV =
BEWUSSTES ERZEUGEN VON BEGEISTERUNG.

Punkt.

T.D.L./Aktives »Marketing«

1. **Also, was haben Sie ... HEUTE ... getan, um für SICH zu werben? Um die Welt (mindestens lokal) wissen zu lassen, dass Sie ... lebendig ... wohlauf und ... cool sind und ... etwas Einzigartiges anzubieten haben?**

2. Werden Sie ein gewissenhafter Student in Marketing/Mund-zu-Mund-Propaganda. Machen Sie sich vertraut mit den Ideen, der Terminologie. Botschaft: Scheuen Sie nicht vor dem »Marketingjargon« zurück, soweit er ... Sie betrifft. Belegen Sie einen Kurs (oder zwei ... oder fünf) zum Thema Marketing. Lernen Sie das Handwerk der Vermarktung. Erkunden Sie Ihre Märkte ... und die Grundlagen Ihrer Marktfähigkeit.

3. Unterm Strich: **Erstellen Sie einen formellen Plan zur Umsetzung von Mund-zu-Mund-Propaganda**. Schlüsselwort: FORMELL. Um sich selbst auf Touren zu bringen, lesen und verinnerlichen Sie Regis McKennas Klassiker *Relationship Marketing*.

45a.

ICH AG DENKT PRODUKTORIENTIERT. – HABEN SIE WIRKLICH EIN »PRODUKT«?

Wenn Sie kein »wirkliches« Produkt haben, hilft Ihnen auch die beste Marketingstrategie der Welt kein Jota weiter.

Der Kern

William Bridges bringt den folgenden – leicht gekürzten Wortwechsel – in seinem Buch *Ich & Co.*:

Bridges: »Was ist Ihr Produkt?«
Kunde: »Sie meinen das Produkt der Firma?«

B: »Nein, ich meine Ihres.«
K: »Nun, ich arbeite in der Personalabteilung.«

B: »Großartig. Schöner Bereich. Was ist Ihr Produkt?«
K: »Ich bin Spezialist für Gehälter und Pensionen.«

B: »Interessante Rolle. Aber was ist Ihr Produkt?«
K: »Gehälter und Pensionen?«

B: »Das ist doch nicht Ihr Produkt. Ein Produkt ist etwas, was von jemandem gekauft wird. ... Es bietet einen Vorteil, es befriedigt einen Bedarf. Gehalts- und Pensionssysteme sind lediglich Firmenmobiliar.«

Mehr Bridges/*Ich & Co.*:

In der veränderten Welt müssen die Beschäftigten ihre Arbeitsplätze vergessen und die Arbeit suchen,

die getan werden muss. ... Ihr Markt ist nicht »der Arbeitsmarkt«. Die Menschen um Sie herum, die unbefriedigte Bedürfnisse haben, sind dein Markt. ... Sie suchen weniger nach »Jobs« als nach »Gelegenheiten«. ...

Sie sollten ab sofort nicht mehr wie ein Beschäftigter, sondern wie ein gelegenheitsorientierter Verkäufer denken. ... Jeder Beschäftigte steht in direktem Wettbewerb mit externen Verkäufern ..., die glücklich sind, wenn sie den Verkaufsgedanken auf Aufgaben übertragen können, die zur Zeit von Beschäftigten ausgeführt werden. ...

Veränderung ist der Feind jener, ... die sich an ihre Arbeitsplätze klammern, ... [und] der Freund derjenigen, die diesen Vermarktungsansatz verfolgen. ... Das bedeutet, dass Karriereplanung ein ähnlicher Prozess sein muss wie ... die strategische Geschäftsplanung innerhalb eines kleinen Start-up-Unternehmens.

* * *

Sie/Ich/WIR AG = Produkt/Vermarktung

* * *

ICH-AG-Essenz:

Welche »Dienstleistung« verkaufen Sie/verkaufe ich, die es wert ist, Geld dafür auszugeben? Wenn wir etwas »verkaufen«, »wofür es lohnt, Geld auszugeben« ... wie »vermarkten« wir es?

Tom Peters über Tom Peters:

Ich denke, meine Arbeit hat einen »Wert«.
Ich denke, sie ist »akademisch fundiert«.

Aber mir ist ... v-o-l-l-k-o-m-m-e-n klar: Wenn niemand für mein Erscheinen bezahlen will, nun ... dann ist

meine Wirkung = null.
Keine Kunden ... keine Wirkung. Punkt.

Was bedeutet: Ich benötige unbedingt ein ... identifizierbares »Produkt«. RICHTIG?

Deshalb:

DENKEN SIE PRODUKTORIENTIERT.
WELCHES PRODUKT BIETEN SIE? IST ES WERT, GELD DAFÜR AUSZUGEBEN?

Falls Ihnen solche Überlegungen gegen den Strich gehen, werden Sie, fürchte ich, ... bald auf der Strecke bleiben.

T.D.L./P-r-o-d-u-k-t

1. **D-e-n-k-e-n S-i-e p-r-o-d-u-k-t-o-r-i-e-n-t-i-e-r-t**. Gehen Sie noch einmal den von Bridges beschriebenen Dialog durch. Definieren Sie Ihr »Produkt«. Sorgfältig. Jetzt. In knappen Worten. Überzeugend. Testen Sie Ihre Definition an anderen ... jeder Couleur (inklusive Klempner, Händler und Taxifahrer und dem Architekten von nebenan).

2. Mehr Bridges. Achten Sie auf seine genauen Begriffe:

ARBEIT, DIE GETAN WERDEN MUSS ... UNBEFRIEDIGTE BEDÜRFNISSE ... GELEGENHEITSORIENTIERTER VERKÄU-

FER ... VERKAUFSGEDANKEN ... KARRIEREPLANUNG = STRATEGISCHE GESCHÄFTSPLANUNG.

Ich **l-i-e-b-e** dies alles**!** Denken Sie darüber nach. Definieren Sie diese Begriffe so, dass sie sich individuell/überzeugend auf Sie beziehen. (Bitte halten Sie sich genau an die Terminologie von Bridges.)

3. Was ist an meinem P-r-o-d-u-k-t B-e-s-o-n-d-e-r-e-s? Berechtigte Frage, oder? Gillette muss eine unzweideutige Antwort geben. **Warum nicht auch Sie?**

46.

DENKEN SIE GLOBAL. ICH AG: DAS EIN-FRAU-(MANN-)POWERHOUSE. (IM ERNST.)

ICH AG: Die Ganze Welt gehört Ihnen. (Falls Sie ein **WIRKLICH COOLES PRODUKT** zu verkaufen haben ... *und* eine darauf aufbauende »Markenstruktur« ... *und* Fantasie ... *und* Entschlossenheit ... *und* das Internet.)

Der Kern

Es ***ist*** ein neues Spiel. Wenn Ihre – meine! – »Ware« cool ist, können wir ... über Nacht ... oder zumindest verdammt schnell ... »global« werden.

Dies ist nicht als Gebot gemeint. Ich will nur sagen, dass **diese** Chancen für Sie bestehen ... (unter anderem) dank des Internets.

Falls Sie etwas schrecklich Cooles/Einzigartiges/vom Hocker Reißendes zu sagen haben, ... sagen Sie es, ... auf dass die **Welt** es höre.

ZÖGERN SIE NICHT.

T.D.L./ICH AG als globales Potenzial!

1. Ich will nicht darauf herumreiten. Aber ich weise sachte darauf hin, ... auf etwas, das man im Kopf behalten sollte. Denn ich denke, wenn Sie »atemberaubend coole Sachen« machen, wird Ihnen ... schneller als Sie denken, ... die ganze Welt gehören, ob Sie nun 18 ... oder 88 Jahre alt sind. Also: Ist Ihre »Ware« cool? Total cool?

G-l-o-b-a-l cool?

P.S.: Sie wissen es nicht, bevor Sie es nicht versucht haben.

2. **»Global« ist zu mindestens 96 Prozent eine Frage der Einstellung.** (**Wirklich.**) Wenn Sie hinsichtlich »Ihrer Ware« ein gutes Gefühl haben, dann seien Sie nicht schüchtern. Breiten Sie Ihre Ware … vor der Welt aus. (**Wirklich.**) Das heißt: Beginnen Sie eine zielgerichtet globale Internetkonversation … auf Ihrer Webseite. **Jetzt.**

47.

VERKAUFEN SIE. V-E-R-K-A-U-F-E-N S-I-E. VERKAUFEN SIE!!!

Jeder lebt davon, etwas zu verkaufen.

Robert Louis Stevenson

Im Grund verkaufe ich mich selbst. Intellektuell begreife ich das, aber emotional hatte ich es nicht verstanden, bis ich merkte, wie sehr es schmerzt, wenn man mit allen Initiativen ständig nur auf Ablehnung stößt. Es macht Sinn, sich selbst als ein Stück Arbeit zu sehen, die eigenen Qualitäten zu bestimmen und sie dann auf dem Markt zu verkaufen. Die Frage lautet letztlich: »Bist du bereit, das zu tun, was nötig ist, damit du die Chance bekommst, die du dir wünschst?«

Susan Gould et al., aus *Free Agents*.
An dieser Stelle zitieren sie eine Managerin,
die dabei ist, ihr Leben zu verändern.

Der Kern

Verkaufen ist kein anstößiges Wort für »uns Profis«. Wenn Sie in ein bestimmtes Projektteam hinein wollen, …

»verkaufen Sie, was das Zeug hält«.

Es ist eine Binsenweisheit für die Buchhalter von Arthur Andersen … und die Softwareprogrammierer von Oracle … und natürlich für Martha Stewart.

Verkaufen Sie.

Verkaufen Sie.

Verkaufen Sie.

Verkaufen Sie.

Verkaufen Sie.

Verkaufen Sie.

Falls Sie abgeschreckt oder genervt sind von diesem Wort (»verkaufen«), ... dann haben Sie ... ein Problem. Will heißen: Sehen Sie zu, wo Sie bleiben ... im neuen Jahrtausend. (Entschuldigen Sie diese deutlichen Worte, aber es ist Zeit für die Wahrheit.)

Sicher, ich kenne eine Menge außergewöhnlicher/begabter/WOW!-Typen, die keine großen Leuchten im Verkaufen sind, ... die sich furchtbar schwer damit tun. Sie hassen die Idee, »Ellbogen« zu zeigen. Sie sind scheu, zurückhaltend, wollen sich lediglich auf die Arbeit konzentrieren. Ich kann nur sagen: **Sie kommen nicht darum herum. (Ums Verkaufen.)** Sie müssen kein »Star« darin sein. Es muss nicht der Schwerpunkt Ihrer Tätigkeit sein, aber Sie können es auch nicht ignorieren. Akzeptieren Sie also, dass es sein muss, ... nehmen Sie sich die Zeit dafür und machen Sie es effektiv und gut.

T.D.L./Verkaufe, Darling, verkaufe!

1. **Entwickeln Sie ein peppiges/klares/prägnantes/überzeugendes »Verkaufsargument«.** (Das ist für die Buchhalterin Mary Jones ebenso wichtig wie für Calvin Klein.)

2. Haben Sie eine »Obsession« – richtiges Wort! – fürs »Verkaufen«? Bitte, ... nehmen Sie dies ernst. Die besten »Seniorpartner« bei den großen professionellen Servicefirmen sind »verkaufsorientierte« Leute, Typ: Gebrauchtwagenhändler. (Wieder: Kein Schrott.) (Siehe auch unser Buch *TOP50 – Servicemanagement*.)

48.

ICH AG MUSS AKQUIRIEREN. (»BITTEN SIE UM DAS GESCHÄFT.«)

Dazu gehört es, dem potenziellen Kunden den wirklichen Preis für ein dreimonatiges Projekt zu nennen. (Und der sollte lieber an der oberen Grenzen liegen, damit Sie all die notwendige Recherche bezahlen können, um einen WOW!-Job daraus zu machen.) Es bedeutet, den Mut zusammenzunehmen und die Chefin um Unterstützung zu bitten. »Geschäfte abzuschließen« ist eine hohe Kunst. (Also ... erlernen Sie sie.)

Der Kern

Abschließer.

Gesegnet seien sie.

ICH AG.

ICH AG = Produkt. (Klar. Besonders.)

ICH AG = macht den Nutzen des Produkts deutlich.

ICH AG = Schließen Sie es ab! (Das Geschäft.)

Nein, Sie brauchen kein ... Verkaufsartist zu sein. Aber Sie sollten Verkauf ... und den Verkaufsprozess ... nicht länger verachten.

Ich bin ein ... eher z-u-r-ü-c-k-h-a-l-t-e-n-d-e-r Mensch.

Aber das Leben hat mich ... in den letzten 15 Jahren ... gelehrt, um das Geschäft zu bitten. Leben (ICH AG) = Notwendigkeit.

Es ist verdammt hart. Entsetzlich harte Arbeit. (Jedenfalls für mich.) Aber: Es muss sein.

T.D.L./Akquirieren Sie!

1. Sie sind ICH AG. **Sie sind es wert**. Also ... bitten Sie um das Geschäft.

49.

EFFEKTIVE ICH AG IST ILLOYAL! (EINER BESTIMMTEN »FIRMA« GEGENÜBER.)

Der Kern

Es war um 2.28 Uhr früh am 20. Juni 1999. Ich fuhr aus dem Schlaf. Ich war in meinem Hotelzimmer in Washington, allein. Ich hatte den Tag – oder den größten Teil – damit verbracht, *Paul Rand* von Steven Heller zu lesen. Rand war einer der großen Designer/Grafiker dieses Jahrhunderts; seine gestalterischen, Identität schaffenden Wundertaten vollführte er für viele Kunden, von der Zeitschrift *Esquire* über IBM bis zu UPS.

Was mich aber überraschte, war Rands Lebensmuster. Er war davon überzeugt, dass er etwas zu bieten hatte. Und er war gierig nach neuen Ideen ... aus aller Welt. (Ein amerikanischer Globalist ... vor 60 Jahren. Eine Leistung für sich.) Also wechselte er häufig den Job. Er ging von da nach dort. Ohne Gedanken an Geld zu verschwenden. Er war entschlossen, seinen umfassenden Traum zu verfolgen/zu verwirklichen. Ein Arbeitsplatz auf Lebenszeit, da war ich mir nach dem Gelesenen sicher, wäre für ihn niemals vorstellbar gewesen. Der Netzwerkarbeiter par excellence? Absolut! Mentoren halfen ihm bei jedem Schritt. Aber »Treue« gegenüber einem bestimmten Firmenlogo im hergebrachten Sinn? Niemals.

Deshalb durchfuhr (richtiges Wort) mich die Erkenntnis, dass Rand ICH AG in Reinform war. Dass die Essenz der ICH AG ein Bekenntnis zu Wachstum ist, ... koste es, was es wolle. Ein Bekenntnis zu unabhängiger Gestaltung und individueller Meisterschaft, ... koste es, was es wolle.

T.D.L./Seien SIE illoyal!

1. HABEN SIE SICH DER MEISTERLEISTUNG VERSCHRIEBEN? SIND SIE ENTSCHLOSSEN, ETWAS ZU BEWIRKEN? IST IHNEN KLAR, WELCHE OPFER VON IHNEN VERLANGT WERDEN? (Das heißt: Keine Arbeitsplatzsicherheit. Die Notwendigkeit, hyperflexibel zu sein … und von einem Augenblick auf den anderen dorthin zu gehen, wo sich die nächste coole Wachstumschance bietet.)

WENN SIE DIES NICHT BEGREIFEN, … WERDEN SIE MIT DER ICH-AG-IDEE SCHWER ZU KÄMPFEN HABEN.

(Sorry.) (Willkommen im neuen Jahrtausend.)

50.

WILLKOMMEN IM LAND DER FREE AGENTS!

Der Kern

* New Economy
* Einpersonen-Abteilung
* Unabhängigkeit
* Freiheit
* Emanzipation
* Eigenverantwortlichkeit
* Logo-Mensch
* C-o-o-l-e Typen
* Dufte Sachen
* WOW!-Projekte (Oder adieu!)
* Fantasie AG
* Ruhelose Renegatin

MEINE ARBEIT MACHT SINN.

(Das ist es.)

T.D.L./Einpersonen-Einheit

1. ICH BIN MEINE FIRMA.

SEHT MICH/HÖRT MICH RUFEN.

ICH BIN WICHTIG.

MEINE ARBEIT MACHT SINN.

(Es klingt albern oder gar peinlich, aber tun Sie es: Wiederholen Sie diese Sätze vor dem Spiegel.)

2. **Die Regeln der ICH AG!** (Sie können es schaffen!)

VIEL GLÜCK

(DAS IST COOL.)

Die Bewegung!

Ganz schön dreist! Eine Bewegung starten?! Genau das haben wir vor.

Titel: **Arbeit macht Sinn!**

(Oder: Die Anti-Dilbert-Bewegung.)

Uns reicht es mit der Jammerei über böse Bosse (oder Firmen). Es geht – wenn man uns fragt – um unser Leben. Wir werden leben ... oder untergehen. Formen ... oder geformt werden.

Dilbert ist total witzig. (Das heißt, er trifft den Nagel auf den Kopf.) Und da liegt der Haken. Dilbert steht nicht nur für Zynismus (ein Gefühl, dem ich beipflichten kann), sondern auch für die faktische Akzeptanz von Ohnmacht. Ohne-Macht ... ausgerechnet in einem der coolsten Augenblicke der Geschichte, in dem es gilt, ein Zeichen zu setzen. Ohne mich!

Es ist mein Leben. Das ich ganz lebe. Oder gar nicht. Und ich bin verdammt gewillt, es ganz zu leben. Und ich glaube nicht, dass ich damit allein stehe.

Also starten meine Kollegen und ich ... dreist ... die Bewegung ...

Arbeit macht Sinn!

Und wir laden Sie ein mitzumachen. Kosten der Mitgliedschaft: Die Zeit, die Sie brauchen, um www.tompeters.com in Ihren Computer zu tippen.

Willkommen an Bord!

(P.S.: Ihnen ist vielleicht das übergroße ! in den vorigen Absätzen aufgefallen. Kein Zufall. Es ist unser Symbol … [das Ausrufezeichen] … ungefähr so weit weg von Dilbert, wie man nur sein kann, was?)

www.tompeters.com

EMPFOHLENE LEKTÜRE

CREATING YOU & CO: LEARN TO THINK LIKE THE CEO OF YOUR OWN CAREER, von William Bridges (Reading, MA: Addison-Wesley, 1997). Ein exzellentes Werk!

RUNNING A ONE-PERSON BUSINESS, von Claude Whitmeyer, Salli Rasberry und Michael Phillips (Berkeley: Ten Speed Press, 1989). Eine praktische Einführung ... mit Seele!

WE ARE ALL SELF-EMPLOYED, von Cliff Hakim (Berrett-Koehler Publishers, 1994). Eine lohnende Lektüre.

INC. YOUR DREAMS, von Rebecca Maddox (New York: Viking, 1995). Maddox schreibt brillant für »jede Frau, die über ihr eigenes Business nachdenkt.« Aber in Wirklichkeit ist es für uns alle.

THE CAREER IS DEAD: LONG LIVE THE CAREER, von Douglas Hall et al. (San Francisco: Jossey-Bass, 1996). Eine akademische, ... aber sehr lesbare ... Auseinandersetzung mit der neuen Arbeitswelt.

TAKING RESPONSIBILITY: SELF-RELIANCE AND THE ACCOUNTABLE LIFE, von Nathaniel Branden (New York: Simon & Schuster, 1996). Der moderne Emerson wird mitteilsam. ICH LIEBE DIESES BUCH.

THE 7 HABITS OF HIGHLY EFFECTIVE PEOPLE, von Stephen Covey (New York: Simon & Schuster, 1989; dt.: *Die sieben Wege zur Effektivität: Ein Konzept zur Meisterung Ihres beruflichen und privaten Lebens*, Campus, 11. vollst. überarb. Aufl. 2000). Ein großartiger ICH-AG-Leitfaden!

MASTERY, von George Leonard (New York: Dutton, 1991). Der Titel sagt alles ... ein schönes Buch.

THE MAKING OF A CHEF, von Michael Ruhlman (New York: Henry Holt, 1997). Ein wundervoller Einblick in die Entstehung von Meisterschaft und ICH AG.

LIFE WORK, von Donald Hall (Boston: Beacon Press, 1993). Der Poet und Essayist Hall schreibt mitreißend über Arbeit, die Sinn macht und wichtig ist.

LIVING YOUR LIFE OUT LOUD, von Salli Rasberry und Padi Selwyn (New York: Minstrel Books, 1995). Extrem umsichtig geschrieben ... eine gute Einstiegslektüre!

WHAT THEY DON'T TEACH YOU AT HARVARD BUSINESS SCHOOL, von Mark McCormack (New York: Bantam, 1984). Top-Sportagent McCormack bietet haufenweise Weisheiten und praktische Ratschläge.

EMOTIONAL INTELLIGENCE, von Daniel Goleman (New York: Bantam, 1995; dt.: *Emotionale Intelligenz*, Hanser, 1996). ICH AG muss menschliche Beziehungen meistern!

DIFFICULT CONVERSATIONS: HOW TO DISCUSS WHAT MATTERS MOST, von Douglas Stone, Bruce Patton und Sheila Heen (New York: Viking, 1999; dt.: *Offen gesagt! Erfolgreich schwierige Gespräche meistern*, Goldmann Taschenbuchverlag, 2000). Ein brillantes Buch – das beste, das ich je gelesen habe – über die Kunst der Eins-zu-eins-Kommunikation ... ein Muss für jede ICH AG.

THE FOUNTAINHEAD, von Ayn Rand (New York: New American Library, 1943; dt.: *Der Ursprung*, Gesellschaft f. erfahrungswiss. Sozialforsch., 1999). Vertritt radikal den ICH-AG-Gedanken.

DANKSAGUNGEN

Alan Webber, Mitbegründer von *Fast Company*, der mich zu diesem Thema ermunterte und dann mit mir zusammen den ersten großen Beitrag in seiner Zeitschrift erarbeitete. Erik Hansen, ... Projektmanager für dieses Buch und Chefarchitekt, zusammen mit Julie Anixter und Ken Silvia von der Bewegung! (Arbeit macht Sinn!). Sonny Mehta, ... die die Möglichkeiten für diese einmalige Buchreihe augenblicklich erkannte. Sebastian Stuart und Edward Kastenmeier ... für ihre umsichtigen und sorgfältigen Korrekturen.

Esther Newberg bei ICM, ... die an der Gestaltung dieses ungewöhnlichen Buchprojekts mit Gespür und Zähigkeit arbeitete. Chip Kipp, Design-Guru bei Knopf, ... der das »Look and Feel« dieser Reihe erfand. Pat Johnson, ... überzeugter Mitstreiter und Marketing-Maestro bei Knopf. Patrik Jonsson und Jim Napolitano von Mulberry Studio ... für die Übertragung meiner ursprünglichen Kritzeleien – alle meine ersten Fassungen waren handschriftlich auf gelbem Papier – in ein brauchbares Manuskript. Sue Bencuya ... für Recherche. Elyse Friedman, Martha Lawler und Vincent Renstrom ... für ihr redaktionelles Geschick. Katherine Hourigan, ohne deren Beistand nichts von alledem passiert wäre. ... Mel Rosenthal, die half, Irrtümer und Ungereimtheiten zu eliminieren. ... Andy Hughes und Quinn O'Neill, die aus diesen Worten das gebundene Buch machten, das Sie in den Händen halten. ... Merri Ann Morrell, deren enorme Kraftanstrengungen diese Bücher ermöglichten. Ian Thomson und Michelle Rotzin, die bei der Tom Peters Company/Palo Alto die Stellung hielten.

Martha, Oprah, MJ und all die anderen, ... die die Möglichkeit einer ICH AG jeden Tag unter Beweis stellen. (Ist Ihnen aufgefallen, dass eine wahre ICH AG keinen vollen Namen braucht?)

Und: Susan Sargent, die mir Tag für Tag Vorbild ist.

Tom Peters
West Tinmouth, Vermont
4. August 1999

Tom Peters ist Mitautor von *In Search of Excellence* (mit Robert H. Waterman, Jr., dt.: *Auf der Suche nach Spitzenleistungen*) und *A Passion for Excellence* (mit Nancy Austin, dt.: Leistung aus Leidenschaft), und der Autor von *Thriving on Chaos* (dt.: *Kreatives Chaos*), *Liberation Management* (dt.: *Jenseits der Hierarchien*), *The Tom Peters Seminar* (dt.: *Das Tom Peters Seminar*), *The Pursuit of WOW!* (dt.: *Der WOW!-Effekt*), *The Circle of Innovation* (dt.: *Der Innovationskreis*) und der Reihe *TOP50 – Reinventing Work* (dt.: *Arbeit neu erfinden*). Er ist der Gründer der Tom Peters Company, mit Büros in Palo Alto, Boston, Chicago, Cincinnati und London. Er lebt – dank der Revolution in der Informationstechnologie – mit seiner Familie auf einer Farm in Vermont und einer Insel vor der Küste von Massachusetts. Er ist zu erreichen unter **tom@tompeters.com.**

Tom Peters

präsentiert

die Reihe *TOP50 – ARBEIT NEU ERFINDEN!*

Technologie heizt eine Businessrevolution an. Wer überleben will, muss sich rasch anpassen und neu orientieren. In diesen wichtigen Büchern erklärt Tom, was vor sich geht, gibt die nötigen Werkzeuge, um der Herausforderung zu begegnen, und macht Ihnen Mut, ... den Schritt zu wagen. Es geht um Ihre Zukunft, und dies sind Ihre Bücher.

SELBSTMANAGEMENT

In der wild verkabelten Welt von heute sind Sie besonders ... oder werden ausgesondert. Überleben Sie, gedeihen Sie, triumphieren Sie als ICH AG!

Die fundamentale Einheit der heutigen Ökonomie ist das Individuum, mit anderen Worten: SIE! Aufgaben werden von temporären Netzwerken durchgeführt, die sich nach getaner Arbeit wieder auflösen. Wenn Sie Erfolg haben wollen, müssen Sie sich also als freier Unternehmer – ICH AG – begreifen: Jemand, der kenntnisreich und informiert ist, stets dazulernt und sich entwickelt, der weiß, wie er sich verkauft, und sagen kann: Meine Arbeit macht Sinn.

TOP50 – Selbstmanagement bringt es auf den Punkt: Vom Entwurf Ihrer Visitenkarte bis zur Jobsuche, von der Adressverwaltung bis zur Imagepflege, von der Erweiterung Ihrer Fähigkeiten bis zu regelmäßigen WOW!-Resultaten. In 50 leicht verdaulichen Abschnitten mit über 200 Handlungsvorschlägen zeigt Ihnen Tom Peters, wie Sie eine einzigartige, fabelhafte, leistungsfähige (und hochbezahlte) ICH AG kreieren.

TOM PETERS:
DIE ARBEIT MACHT SINN! BEWEGUNG.
BESUCHEN SIE:
www.tompeters.com

tompeters.com

Und jetzt ist es einfach, Tom zu erleben:

Lessons in LEADERSHIP

Treffen Sie Tom Peters auf einem eintägigen Seminar in Ihrer Nähe!
www.lessonsinleadership.com

ninth house network

Bringen Sie WOW!-Projekte auf Ihren Desktop!
www.ninthhouse.com

broadcast.com

Sehen Sie Tom auf Yahoo! Broadcast Services!
www.leadership.broadcast.com

tompeters! company

Laden Sie Tom ein, zu Ihrer Gruppe zu sprechen!
michellerotzin@tompeters.com

tompeters! company

Erkundigen Sie sich nach Training und Beratung für Ihr Business!
www.tompeters.com